Zur

Reform des Strafprozesses.

Von

DR. JOSEPH HEIMBERGER,

ord. Professor der Rechte an der Universität Bonn.

Sonderdruck aus: Festgabe der Bonner Juristischen Fakultät für Karl Bergbohm zum 70. Geburtstag.

BONN.

A. Marcus und E. Webers Verlag.

1919.

Inhalt.

Vorwort.

Vor dem Ausbruch des Krieges war in Deutschland zur Vorbereitung der Reform der Strafgerichtsverfassung und des Strafverfahrens eine rechtsvergleichende Darstellung deutschen und ausländischen Strafprozesses mit daran sich anschließenden Vorschlägen für die künftige Gestaltung des deutschen Rechts in Angriff genommen worden — nach dem Muster der rechtsvergleichenden Darstellung des materiellen Strafrechts. Da kam der Krieg und mit ihm die Unterbrechung und späterhin die vollständige Aufgabe der Ausführung der Arbeit.

Mir waren für jene Rechtsvergleichung als Themen zugefallen: Der Aufbau der Strafgerichte, die Gerichtsstände, die Ausschließung und Ablehnung von Richtern. Da man neuerdings an die Reform des Strafprozesses wieder herangetreten ist, glaube ich das früher gesammelte Material nicht unverarbeitet liegen lassen zu sollen. Freilich besteht nach amtlichen Äußerungen in der Nationalversammlung wie nach halbamtlichen in der Presse die Möglichkeit, daß der Entwurf einer neuen Strafprozeßordnung eher erscheint, als diese zu einer Festgabe für einen verehrten Kollegen bestimmte Arbeit ausgegeben werden darf. Zum Druck mußte sie abgeliefert werden Mitte Juli, und der Festtag fällt auf den 18. September. Immerhin ist es nicht ausgeschlossen, daß bei der Menge grundlegender und für unser nationales Dasein wichtigerer Fragen, die augenblicklich der Lösung harren, die Gerichts- und Prozeßreform noch für einige Zeit zurücktritt, und daß dann auch diese Erörterungen bei der Neugestaltung unseres Gerichtsverfassungs- und Prozeßrechts noch Beachtung finden können.

I. Der Aufbau der Strafgerichte.

I. Das geltende deutsche Recht.

1. Die Gerichte erster Instanz.

1. Geschichtliche Vorbemerkung.

Bevor am 1. Oktober 1879 das Deutsche Gerichtsverfassungsgesetz in Kraft getreten war, hatten die meisten deutschen Einzelstaaten[1]) drei Arten erkennender Gerichte erster Instanz besessen, deren Zuständigkeit nach der Schwere der abzuurteilenden Tat abgestuft war. Als erstinstanzliche Gerichte oberster Ordnung waren — mit Ausnahme von Sachsen-Altenburg und den in Anmerkung 1 genannten Staaten — überall Schwurgerichte eingeführt, die sich nur insofern von einander unterschieden, als der Gerichtshof bald aus drei, bald aus fünf rechtsgelehrten Richtern zusammengesetzt war, während die Geschworenenbank durchweg aus zwölf Geschworenen bestand. — In den erstinstanzlichen Gerichten mittlerer Ordnung saßen fast überall nur rechtsgelehrte Richter, deren Zahl in der Regel drei, in einigen wenigen Staaten fünf betrug. In Sachsen, Württemberg und Hamburg waren die Gerichte mittlerer Ordnung als Schöffengerichte ausgestaltet. (Sachsen: 3

1) Eine Ausnahme machten die beiden Mecklenburg, Lippe und Schaumburg-Lippe, deren Strafrechtspflege von den seit 1848 anderwärts durchgeführten Reformen unberührt geblieben war. — In Lübeck bestand nur ein einziges Strafgericht erster Instanz. Es war mit drei Richtern besetzt. Vgl. C. Hahn, Die gesamten Materialien zum Gerichtsverfassungsgesetz 1. Abteilung 2. Aufl. 1883 S. 32.

Richter, 4 Schöffen; Württemberg: 3 Richter, 2 Schöffen und in schwereren Fällen 4 Richter, 3 Schöffen; Hamburg: 2 Richter, 3 Schöffen.) — Als erstinstanzliches Gericht unterster Ordnung urteilte in den meisten Staaten ein Einzelrichter. Nur in wenigen Staaten (Baden, Oldenburg, Bremen und in Preußen in den 1866 neu erworbenen Landesteilen) hatte man für die Gerichte unterster Ordnung die Schöffenverfassung (1 Richter, 2 Schöffen) eingeführt. Eine Sonderstellung nahm Württemberg ein, welches die leichtesten Fälle durch ein Kollegium von 2 Richtern und 3 Schöffen (Oberamtsgerichte) entscheiden ließ.

2. Heutiges Recht.

Unsere heutige deutsche Gerichtsverfassung kennt fünf Arten von Strafgerichten erster Instanz:

1. Den Amtsrichter als Einzelrichter in den Fällen des § 211 Abs. 2 St.P.O. und im Strafbefehlsverfahren nach §§ 447 ff. St.P.O. Auch ist nach Landesrecht auf Grund der Erlaubnis in § 3 Abs. 3 E. G. z. St.P.O. der Amtsrichter als Einzelrichter für Forst- und Feldrügesachen zuständig.

2. Die Schöffengerichte (1 Amtsrichter, 2 Schöffen).

3. Die Strafkammern der Landgerichte (5 rechtsgelehrte Richter).

4. Die Schwurgerichte (3 Richter, 12 Geschworene).

5. Das Reichsgericht, als erkennendes Gericht erster Instanz bestehend aus dem vereinigten zweiten und dritten Strafsenat, bei Verrat militärischer Geheimnisse aus dem zweiten Strafsenat allein[1]). (Ein Senat besetzt mit 7 Richtern.)

Die sachliche Zuständigkeit dieser Gerichte bestimmt sich nach der Schwere der abzuurteilenden Tat. Nur kommt beim Reichsgericht auch in Betracht, daß die Tat gegen (den Kaiser oder) das Reich gerichtet sein muß.

2. Die Gerichte höherer Instanz.

Als solche sind tätig:

a) Die Strafkammern der Landesgerichte und zwar

1) § 18 Abs. 2 des Ges. v. 3. Juni 1914 betr. den Verrat militärischer Geheimnisse.

α) als Berufungsgerichte gegenüber den Urteilen der Schöffengerichte und der Amtsrichter als Einzelrichter. Sie sind bald besetzt mit 5, bald mit 3 Mitgliedern, letzteres bei Übertretungen und Privatklagesachen.

β) als Beschwerdegerichte gegenüber Verfügungen des Amtsrichters, des Untersuchungsrichters und Entscheidungen der Schöffengerichte, hier immer besetzt mit 3 Mitgliedern.

b) Die Strafsenate der Oberlandesgerichte

α) als Revisionsgerichte gegenüber Berufungsurteilen der Strafkammern, ferner gegenüber erstinstanzlichen Urteilen der Strafkammern, sofern in diesem Fall die Revision ausschließlich auf die Verletzung landesrechtlicher Normen gestützt wird;

β) als Beschwerdegerichte gegen strafrichterliche Entscheidungen erster Instanz, soweit nicht die Zuständigkeit der Strafkammer begründet ist, und gegen Entscheidungen der Strafkammern in der Beschwerde- und Berufungsinstanz.

Die Strafsenate der Oberlandesgerichte sind immer mit fünf Richtern besetzt.

c) Die Strafsenate des Reichsgerichts.

α) Sie wirken als Revisionsgerichte gegenüber den Urteilen der Schwurgerichte, ferner gegenüber den erstinstanzlichen Urteilen der Strafkammern (mit der unter lit. b α erwähnten Ausnahme) und gegenüber Berufungsurteilen der Strafkammern im Fall des § 136 Abs. 2 G.V.G.

β) Als Beschwerdegericht wird der erste Strafsenat des Reichsgerichts tätig in den vor das Reichsgericht in erster Instanz gehörigen Strafsachen und zwar gegenüber Verfügungen des Untersuchungsrichters oder auch eines Amtsrichters.

Besetzt sind die Strafsenate des Reichsgerichts immer mit sieben Mitgliedern.

II. Das ausländische Recht.

Vorbemerkung.

Bei der Darstellung des ausländischen Rechts habe ich das englische und amerikanische nicht berücksichtigt. Beide sind, jedenfalls auf dem hier bearbeiteten Gebiet, unserer eigenen Art so fremd und fern, leiden auch, zumal das amerikanische Recht, an einer solchen Verworrenheit und Buntscheckigkeit, daß von ihrer Darstellung für die künftige Gestaltung unseres deutschen Rechts kaum ein Vorteil zu erwarten ist.

Wer sich hiervon überzeugen will, möge, was das englische Recht anbelangt, Gerlands bekanntes Werk „Die englische Gerichtsverfassung. 1910“ ansehen. Von der gänzlichen Unverwendbarkeit amerikanischer Gerichtseinrichtungen zur Verbesserung deutscher Verhältnisse aber kann er sich überzeugen in dem Werk von Alf. Nerincx, professeur à l'université de Louvain, „L'organisation judiciaire aux États-Unis. Ouvrage couronné par l'Institut de France. Paris 1910“ [1]). Das Gerichtsverfassungsrecht der Vereinigten Staaten ist das Recht einer von uns längst überwundenen Kulturepoche. Nerincx wirft am Schlusse seines Werkes (S. 421) die Frage auf, die sich jedem Leser während der Durcharbeitung des Buches von selbst aufgedrängt hat: „N'y a-t-il donc rien dans cette organisation judiciaire que nous, Européens, pussions lui emprunter avec quelque avantage? Car il serait étonnant que les institutions d'un grand peuple ne présentassent aucun détail qui pourrait être d'une application utile dans d'autres pays“. Und darauf erwidert er: „Notre réponse sera complètement négative en ce qui concerne l'organisation judiciaire.“ (S. 422.) „En somme, jusqu'à présent, les Américains ont dû se contenter, dans la plupart de leurs États, d'une organisation judiciaire qu'un Européen ne peut

1) Das „Handbuch der Rechtspflege in den Vereinigten Staaten von Nordamerika“ von William Vocke, Köln 1891, behandelt nur Zivilprozeß und Zivilgerichtsverfassung, zeigt aber auch deutlich die Verworrenheit und Rückständigkeit des amerikanischen Rechts.

s'empêcher d'apprécier médiocrement, tant en elle-même que dans ses résultats, au point de vue civil comme au point de vue répressif."

Ebensowenig aber bietet das ein Jahr nach dem Buche von Nerincx erschienene Gerichtsverfassungsgesetz für den Bund selbst vom 3. März 1911 „An act to Codify, Revise and Amend the Laws Relating to the Judiciary" [1]) in seinen entsetzlich langstieligen Bestimmungen irgendwelche brauchbaren Vorbilder für die Gestaltung unserer künftigen Gerichtsverfassung.

A. Gerichte erster Instanz.

In den meisten hier berücksichtigten Staaten ist die Gliederung der Gerichte erster Instanz einfacher als in Deutschland. Man begnügt sich dort in der Regel mit einer Drei- oder auch nur Zweigliederung der ersten Instanz.

1. Zweigliederung.

Einer reinen Zweigliederung begegnet man nur in wenigen Staaten.

1. Niederlande. Nach der Wet op de regterlijke organisatie (in der neuesten Fassung von 1911) urteilen als Gerichte erster Instanz:
   a) Die Kantongerichte (Kanton-Geregten), besetzt mit dem Kantonrichter als Einzelrichter. §§ 30ff., hier § 44.
   b) Die Arrondissementsgerichte (Arrondissements-Regtbanken), besetzt mit drei Richtern. §§ 46ff., hier §§ 56 und 57.

In einigen Fällen wird zwar auch der Hohe Rat (de Hooge Raad), besetzt mit zehn Richtern, in erster und letzter Instanz tätig, ebenso wie das Deutsche Reichsgericht; aber es handelt sich hier wie bei diesem um Ausnahmefälle (Amtsverbrechen der höchsten Staatsbeamten und um Seeräuberei und Kaperei §§ 92 und 93), so daß man bei Feststellung der Gliederung der Gerichte erster Instanz von dem Hohen Rat absehen kann. — Schwurgerichte bestehen nicht.

1) Veröffentlicht in „Compiled Statutes of the United-States-Supplement 1911. Compiled by John a Mallory St. Paul 1912" S. 128ff.

Den Kantongerichten sind nur die Feldfrevel und die Übertretungen, soweit deren Aburteilung nicht einem anderen Gericht übertragen ist, zugewiesen; den Arrondissementsgerichten alle anderen strafbaren Handlungen (mit Ausnahme derjenigen, für welche der Hohe Rat zuständig ist).

2. Kanton Schwyz. Die beiden Gerichte erster Instanz sind hier Kollegialgerichte; Einzelgerichte gibt es nicht. Man unterscheidet:
   a) Das Bezirksgericht. Es entscheidet in der Besetzung von drei Mitgliedern einschließlich des Präsidenten in „korrektionellen Fällen“ [1]. Die korrektionellen Fälle sind die Polizeivergehen, die im Polizeistrafgesetz bedroht sind [2].
   b) Das Kriminalgericht. Es urteilt in der Besetzung von fünf Mitgliedern über alle Kriminalfälle d. h. alle Fälle, die durch das Strafgesetz bedroht sind [3].

Ein Schwurgericht ist nicht vorhanden.

3. Japan. Das Gerichtsverfassungsgesetz vom 10. Februar 1890 kennt als Strafgerichte erster Instanz:
   a) Das Bezirksgericht. Die Gerichtsbarkeit wird hier geübt durch Einzelrichter. § 1 Z. 1, § 11. Die Zuständigkeit des Einzelrichters geht sehr weit; sie erstreckt sich z. B. auf alle Diebstähle (§ 16,I Z. 2), und diese sind nach dem Str.G.B. vom 23. April 1907 § 235 bedroht mit Zuchthaus bis zu 10 Jahren.
   b) Das Landgericht (Strafkammer), besetzt mit drei Richtern. § 1 Z. 2, § 19, § 32. Es ist zuständig

---

1) § 18 Z. 7 des Ges. über das Verfahren in Strafrechtsfällen im Kanton Schwyz vom 18. Febr. 1908 (Ges. Sammlung des Kantons Schwyz. Neue Folge, 6. Band, S. 337 ff.) und § 83 ff. der Verfassung des eidgenössischen Standes Schwyz gemäß Partialrevision vom 20. Okt. 1898 / 11. März 1900

2) Siehe Karl Stooß, Die Schweizerischen Strafgesetzbücher, 1890, S. 18, Anm. 1.

3) § 18 Z. 7 des vorgenannten Gesetzes v. 18. Febr. 1908 und §§ 68 u. 69 der Verfassung.

für alle Strafsachen, die nicht vor das Bezirksgericht oder den obersten Gerichtshof gehören, welcher eine ähnliche erstinstanzliche Zuständigkeit besitzt wie das Deutsche Reichsgericht. § 27 Z. 1 u. § 50 Z. 2.

Auch in Japan finden sich keine Schwurgerichte.

Es bedarf keiner Ausführung, daß für Deutschland, wo man auf die Zuziehung von Laienrichtern, besonders von Geschworenen nicht verzichten will, eine Nachahmung der Ausgestaltung erstinstanzlicher Gerichtsbarkeit, wie sie sich in den Niederlanden, in Japan und in Schwyz findet, ausgeschlossen ist.

2. Dreigliederung.

1. Die Dreigliederung der erstinstanzlichen Gerichte ist vor allem in den Ländern des französischen Rechts hergebracht.

In Frankreich[1]) wie in Belgien hat man:

a) Das Friedensgericht. Es heißt in seiner Eigenschaft als Strafgericht tribunal de simple police und ist mit einem Einzelrichter, dem juge de paix, besetzt[2]).

b) Das Zuchtpolizeigericht, tribunal correctionnel, besetzt mit mindestens drei rechtsgelehrten Richtern[3]). Die Mitwirkung einer größeren Zahl von Richtern ist nicht ausgeschlossen; doch findet sie meines Wissens in der Praxis kaum statt und zwar mit Recht, da der Wechsel in der Richterzahl immer wieder einen Wechsel in dem Stimmenverhältnis bei der Entscheidung veranlassen müßte.

c) Das Schwurgericht, cour d'assises, zusammengesetzt aus dem Gerichtshof im engeren Sinne (drei Richtern) und zwölf Geschworenen[4]).

---

1) Vgl. für Frankreich besonders das Buch von Eugen Wilhelm, Die französische Gerichtsorganisation. 1911. Beilageheft zu Band 78 des „Gerichtssaal".

2) Code d'instruction criminelle, Art. 138.

3) Ges. v. 30. August 1883 sur la réforme de l'organisation judiciaire, Art. 4.

4) Code d'instr. crim., Art. 252 u. 394.

Die Zuständigkeit der verschiedenen Gerichte bestimmt sich nach der Schwere der Tat. Das tribunal de simple police besitzt nur eine geringe sachliche Zuständigkeit, nämlich bloß für Handlungen, die mit höchstens 15 Fr. Geldstrafe oder fünf Tagen Gefängnis bedroht sind[1]). Die unausbleibliche Folge dieser außerordentlich geringen Zuständigkeit des einfachen Polizeigerichts muß eine Überlastung des Zuchtpolizeigerichts sein, und es wird, wenigstens in großen Städten, eine flüchtige Behandlung der Fälle durch dieses kaum vermieden werden können[2]).

2. In Italien ist die Strafgerichtsbarkeit erster Instanz in gleicher Weise eingerichtet wie in Frankreich. Sie wird ausgeübt
   a) durch den pretore als Einzelrichter. Art. 52 u. 56 Z. 2 des Ordinamento giudiziario v. 6. Dez. 1865[3]).
   b) durch das tribunale, besetzt mit drei Richtern. Art. 64 Z. 3 u. 67 Abs. 2 des Ord. giud.
   c) durch die corte di assise, bestehend aus einem Präsidenten (ohne Beisitzer) und zwölf Geschworenen. Art. 84 des Ord. giud.

Die sachliche Zuständigkeit ist aber insoferne wesentlich anders geregelt wie in den Ländern des französischen Rechts, als der Einzelrichter weit schwerere Delikte aburteilen kann als dort, Delikte, für welche Geldstrafen bis zu 2000 Lire, Haft bis zu zwei Jahren, Einschließung oder Gefängnis bis zu sechs Monaten angedroht ist. Art. 16 des Codice di procedura penale von 1913.

---

1) Code d'instr. crim., Art. 137.

2) Ich habe im Jahre 1912 zu Paris in einer Sitzung des tribunal correctionnel bei einer Reihe von Fällen mit eigenen Augen zu meiner großen Verwunderung gesehen, wie der Vorsitzende über Angeklagte recht empfindliche Freiheitsstrafen verhängte, ohne die beiden Beisitzer mit einem Wort oder auch nur mit einem Blick um ihre Meinung oder Zustimmung zu befragen. Dies konnte ich mir nur aus der Masse der Fälle erklären, die erledigt werden mußten.

3) Vgl. die Textausgabe des Ordinamento giudiziario mit allen Änderungen von Paolo d'Anchise, Napoli 1913.

3. Aus der Schweiz gehören in die hier zu besprechende Kategorie folgende Kantone mit neueren Prozeßgesetzen [1]).

a) Bern (Gesetz über die Organisation der Gerichtsbehörden vom 31. Januar 1909 [2]). Als Gerichte erster Instanz werden hier tätig:

a) der Präsident des Amtsgerichts als Einzelrichter, Art. 1 Z. ff. 4 u. Art. 46 ff.

b) das Amtsgericht, bestehend aus dem Gerichtspräsidenten und vier Mitgliedern, Art. 36.

c) die Assisen, bestehend aus der Assisenkammer (das ist die zweite Strafkammer des Obergerichts), besetzt mit drei Richtern, und den Geschworenen. Art. 21.

b) Glarus (Strafprozeßordnung vom 7. März 1899 [3]). Die Gerichte erster Instanz sind hier:

a) der Präsident des Kriminal- und Polizeigerichts als Einzelrichter. § 1 lit. a.

b) das Polizeigericht, bestehend aus dem Präsidenten und zwei Mitgliedern des Kriminalgerichts. § 2 Abs. 2.

c) das Kriminalgericht, bestehend aus dem Präsidenten und sechs Mitgliedern. § 2 Abs. 1.

Derselbe Präsident ist hier Vorsitzender des Polizeiwie des Kriminalgerichts und einziges Mitglied des Gerichts unterster Ordnung. Seine Zuständigkeit als Einzelrichter geht verhältnismäßig weit. Er urteilt zunächst über alle Polizeiübertretungen, ferner aber, wenn der Beschuldigte ein volles Geständnis abgelegt hat, über eine Reihe anderer Straftaten, die zum Teil mit Zuchthaus bis zu fünf Jahren und Arbeitshaus bis zu vier Jahren bedroht sind. Vgl. § 7 lit. a und b und unter b besonders Z. 12.

1) Die Kantone mit älterer Prozeßgesetzgebung ließ ich unberücksichtigt. Übrigens waren mir auch neuere Gesetze und Entwürfe einzelner Kantone bei den jetzigen Verkehrsschwierigkeiten, zumal bei der Absperrung des Rheinlands, nicht erreichbar.

2) Gesetze, Dekrete und Verordnungen des Kantons Bern. 1909. S. 7 ff.

3) Landsbuch des Kantons Glarus. 5. Band. 1902. S. 44 ff.

c) Zürich (Gesetz betr. das Gerichtswesen im allgemeinen, vom 29. Januar 1911). An und für sich hat man hier nur zwei Gerichte erster Instanz, das Bezirksgericht und das Schwurgericht. Es ist aber dem Vorstand des Bezirksgerichts das Recht eingeräumt, allein das Urteil zu fällen „in leichteren und einfacheren Straffällen, wenn vom Zeitpunkt des Eingangs der Anklage bis zur nächsten Gerichtssitzung mehr als eine Woche liegt und der Angeklagte sich im Verhafte befindet". § 39 Abs. 2. Insoferne läßt sich auch hier von einer Dreigliederung der erstinstanzlichen Gerichte sprechen, und als solche kommen demzufolge in Betracht:

a) der Gerichtsvorstand des Bezirksgerichts als Einzelrichter. § 39 Abs. 2.

b) das Bezirksgericht, bestehend aus dem Präsidenten und vier Richtern. Doch ist es beschlußfähig, wenn nur drei Mitglieder anwesend sind. §§ 22 Abs. 1, §§ 33, 36.

c) das Schwurgericht, bestehend aus dem Schwurgerichtshof (drei Richtern) und der Geschworenenbank (12 Geschworenen). §§ 57, 58, 61.

d) Waadt. (Loi du 15. Mai 1911 sur l'organisation judiciaire [1]).

Die erste Instanz ist hier ähnlich wie in Zürich gegliedert:

a) Als Einzelrichter übt der Präsident des Distriktstribunals (président du tribunal de district) die Strafgerichtsbarkeit aus. Art. 89. Es sind zwar auch Friedensrichter (juges de paix) vorhanden; diese üben aber in Strafsachen keine Urteilstätigkeit, sondern sind nur Vermittlungsbehörden. Art. 132.

---

1) Recueil des Lois, décrets, arrêtés . . . du canton de Vaud. Tome CVIII. Lausanne. 1911. S. 94 ff.

b) Das Polizeigericht (tribunal de police). Es ist eine Abteilung des tribunal de district und besteht aus dem Präsidenten (oder seinem Stellvertreter) und zwei Richtern dieses Tribunals. Art. 95.

c) Das Kriminalgericht (tribunal criminel), zusammengesetzt aus dem Gerichtshof (Präsident des Tribunals und zwei Richtern) und der Geschworenenbank (9 Geschworenen).

Die Zuständigkeit des Einzelrichters geht hier nicht sehr weit. Geldstrafen kann er allerdings bis zu einem Betrage von 500 Fr. verhängen, Freiheitsstrafen (réclusion und emprisonnement) aber nur bis zur Höchstdauer von 10 Tagen. Art. 89.

4. Oesterreich. Das zur Zeit noch geltende österreichische Recht (Strafprozeßordnung von 1873, Gerichtsorganisationsgesetz von 1896) hat gleichfalls eine Dreigliederung der ersten Instanz:

a) Das Bezirksgericht, besetzt mit dem Bezirksrichter als Einzelrichter. § 9 Z. 1 St.P.O., § 24 G.O.G. Seine Zuständigkeit beschränkt sich auf Übertretungen. Art. VIII E.G. z. St.P.O.

b) Die Gerichtshöfe erster Instanz (Landes- und Kreisgerichte), besetzt mit vier Richtern, einschließlich des Vorsitzenden. § 13 St.P.O., § 30 G.O.G., § 1 der Vollzugsvorschrift zu St.P.O. vom 23. Mai 1873.

c) Geschworenengerichte (drei Richter und zwölf Geschworene). §§ 301 u. 302 St.P.O.

5. Ungarn hat dieselbe Gliederung der ersten Instanz wie Oesterreich (Gesetzartikel XXXIII, 1896; XXXIII u. XXXIV, 1897; XVIII, 1907), nämlich:

a) Das Bezirksgericht, besetzt mit Einzelrichtern, zuständig für Übertretungen und gewisse Vergehen.

b) Die Gerichtshöfe, welche in einer Besetzung mit drei Richtern erkennen und zwar bei Vergehen, die nicht den Bezirksgerichten, und Verbrechen, die nicht den Schwurgerichten zugewiesen sind.

c) Schwurgerichte, drei Richter und zwölf Geschworene. Sie werden bei den Gerichtshöfen gebildet und urteilen über die nicht den Gerichtshöfen zugewiesenen Verbrechen und über Preßdelikte.

6. Norwegen (Strafprozeßordnung vom 1. Juli 1887). Als Gerichte erster Instanz wirken:

a) Das Verhörsgericht, besetzt mit einem Unterrichter (§ 16).

b) Das Schöffengericht, besetzt mit einem Unterrichter und zwei Schöffen. (§ 15.)

c) Das Schwurgericht (drei Richter und zehn Geschworene).

Das norwegische Recht kennt eine Verschiebung der Zuständigkeit nach unten, insoferne als der Einzelrichter Sachen, die vor das Schöffengericht gehören, dann aburteilen kann, wenn der Beschuldigte ein wahrheitsgetreues Geständnis ablegt, dessen Richtigkeit durch die übrigen vorliegenden Ermittelungen bestärkt wird. §§ 23, 283. Unter der gleichen Voraussetzung werden schwurgerichtliche Fälle ans Schöffengericht gebracht, wenn das Verbrechen nicht mit einer höheren Strafe als mit acht Jahren Gefängnis bedroht ist. § 21 des Gesetzes vom 22. Mai 1902, enthaltend Änderungen im Gesetz über das gerichtliche Verfahren in Strafsachen vom 1. Juli 1887. Die Folge ist eine starke Ausdehnung der Zuständigkeit der beiden unteren Gerichte.

In all den Staaten, deren erstinstanzliche Gerichtsbarkeit hier unter der Überschrift „Dreigliederung“ dargestellt worden ist, zeigt sich als Charakteristikum der Gerichte unterster Ordnung die Besetzung mit einem Einzelrichter. Die Zuständigkeit dieses Einzelrichters ist allerdings sehr verschieden geregelt. Teilweise ist seine Strafbefugnis sehr beschränkt, zumal im Gebiete des französischen Rechts, wo er mehr als 15 Fr. Geldstrafe und fünf Tage Gefängnis nicht verhängen kann. Im Gegensatz hierzu hat man ihm in Italien eine sehr umfassende Zuständigkeit eingeräumt; er kann, wie schon erwähnt, Geldstrafen bis zu 2000 Lire, Haft bis zu zwei Jahren und Einschließung sowie Gefängnis bis zu sechs Monaten aussprechen. Glarus geht noch weiter: Es gibt dem Einzelrichter einen Strafrahmen bis zu fünf Jahren Zuchthaus und vier Jahren Arbeitshaus an die Hand, freilich nur, wenn der Angeklagte geständig ist.

Die Gerichte mittlerer Ordnung sind zumeist mit einem Kollegium von drei Richtern besetzt, so in Frankreich, Belgien, Italien, Glarus, Zürich (wenigstens *genügen* hier drei Richter), Waadt, Norwegen. Bei Norwegen findet sich aber gegenüber den anderen Staaten der höchst bedeutsame Unterschied, daß das Gericht mittlerer Ordnung als *Schöffengericht* ausgestaltet und nur mit *einem* Richter und zwei Schöffen besetzt ist. Ich habe dies in keinem anderen Land bei erstinstanzlichen Gerichten mittlerer Ordnung gefunden. Auch dort, wo man in Deutschland vor der Reichsstrafprozeßordnung für diese Gerichte die Schöffenverfassung eingeführt hatte, waren die Gerichte viel stärker besetzt. Weniger als fünf Gerichtsmitglieder gab es dort nicht, sei es, daß es zwei Richter und drei Schöffen oder drei Richter und zwei Schöffen waren. Mancherorts ging man bis zu drei Richtern und vier Schöffen.

Seltener ist das erstinstanzliche Gericht mittlerer Ordnung mit fünf Richtern besetzt, so in Bern und, wenigstens für die Regel, in Zürich. Eine Besetzung mit vier Richtern (einschließlich des Vorsitzenden) habe ich nur in Oesterreich gefunden.

Die erstinstanzlichen Gerichte oberster Ordnung sind mit geringen Ausnahmen als Schwurgerichte organisiert, so in Frankreich, Belgien, Italien, Bern, Zürich, Waadt, Oesterreich und Norwegen. Der Schwurgerichtshof besteht mit Ausnahme von Italien aus drei Richtern. In Italien ist es ein einziger. Die Zahl der Geschworenen beträgt meistens zwölf, im Kanton Waadt neun, in Norwegen zehn. Im Kanton Glarus besteht statt eines Schwurgerichts ein mit sieben Richtern besetztes „Kriminalgericht".

3. Viergliederung.

1. Der österreichische Entwurf. Der Vorentwurf einer neuen Strafprozeßordnung vom Jahre 1909 und ebenso die Regierungsvorlage von 1912 schafft vier Arten erkennender Gerichte erster Instanz, nämlich:

a) Das bisherige Bezirksgericht, welches mit einem Einzelrichter besetzt bleibt und seine bisherige Zuständigkeit behält.

b) Das kleine Schöffengericht, besetzt mit zwei Richtern und zwei Schöffen. Es hat die bisherige Zuständigkeit der Gerichtshöfe erster Instanz (Erkenntnisgerichte, Landes- und Kreisgerichte), allerdings nicht ihre Zuständigkeit als Berufungsgerichte.

c) Das große Schöffengericht, besetzt mit drei Richtern und drei Schöffen.

d) Das Schwurgericht, besetzt mit drei Richtern und zwölf Geschworenen.

Die Gerichte zu b, c und d werden alle bei den Gerichtshöfen erster Instanz gebildet. § 10, § 13 Abs. 2, § 297 des Entwurfs.

Die Zuständigkeit der beiden unter c und d genannten Gerichte umfaßt jene Fälle, für welche bisher das Schwurgericht allein zuständig war. Die Zuständigkeit des Schwurgerichts soll also künftig aufgeteilt werden zwischen dem großen Schöffengericht und dem Schwurgericht. Das Schwurgericht soll beschränkt werden auf die Aburteilung politischer Verbrechen und Vergehen und jener strafbaren Handlungen, die mit mehr als zehn Jahren Freiheitsstrafe bedroht sind, während die Preßdelikte und die mit mehr als fünf Jahren Freiheitsstrafe bedrohten Handlungen dem großen Schöffengerichte zugewiesen werden[1]). § 13 Abs. 2, Entw.)

Die auffallende Vermehrung der Gerichte erster Instanz in den Entwürfen erklärt sich folgendermaßen: Leitender Gedanke der Reform ist, das Laienelement in weitem Um-

1) Vgl. Erläuternde Bemerkungen zu den Entwürfen der Gesetze, welche das Strafprozeßrecht abändern. Wien 1910. Aus der k. k. Hof- und Staatsdruckerei. S. 1 ff. Ebenso Nr. 92 der Beilagen zu den stenogr. Protokollen des Herrenhauses. XXI. Session. 1912. S. 3 ff.

fang zum Strafrichteramt heranzuziehen. Doch soll die Laiengerichtsbarkeit nicht im Sinne des Geschworenengerichts ausgedehnt werden, da dieses die Hoffnungen nicht erfüllt habe, die man bei seiner Einrichtung hegte. Das Schöffengericht verdiene in jeder Richtung den Vorzug. Die Folgerichtigkeit habe zur Beseitigung des Schwurgerichts führen müssen; trotzdem habe der Entwurf diese Konsequenz nicht gezogen. Man mache nämlich dem Schöffengericht vielfach den Vorwurf, die Schöffen ließen sich von den Richtern zu Ungunsten des Angeklagten beeinflussen. Mit dieser, wenn auch unbegründeten, Anschauung mancher Kreise der Bevölkerung müsse man rechnen. Darum habe der Entwurf die Delikte, bei denen bei ruhiger Betrachtung allein eine ungesetzliche Einflußnahme der Richter gedacht werden könne, die politischen Delikte, den Geschworenengerichten belassen. Um aber die Geschworenengerichte nicht auf solche Weise zu Ausnahmegerichten zu machen und um ihnen den für ihre Lebensfähigkeit notwendigen größeren Wirkungskreis zu sichern, habe der Entwurf auch alle strenger als mit zehn Jahren bedrohten Verbrechen den Geschworenengerichten zur Beurteilung anvertraut[1]. — Die Vermehrung der erstinstanzlichen Gerichte beruht also letzten Endes auf der Unzufriedenheit mit den Schwurgerichten, die man mit Rücksicht auf die Volksstimmung nicht ganz beseitigen, denen man aber doch einen erheblichen Teil ihrer Zuständigkeit abnehmen wollte.

2. Der Kanton Neuchatel. (Loi sur l'organisation judiciaire v. 22. März 1910[2].) Die Gerichtsbarkeit erster Instanz wird ausgeübt:

   a) Vom Juge de paix. Art. 48, 57.

   b) Vom Tribunal de police. Dies ist nur mit einem Einzelrichter besetzt; der Einzelrichter ist der Präsident des tribunal de district. Art. 48, 58.

---

1) Vgl. die in der vorigen Anmerkung erwähnten „Erläuternden Bemerkungen", besonders S. 8.

2) Vgl. République et Canton de Neuchatel. Grand Conseil. Bulletin. 75. Volumne. 1912. S. 106 ff.

c) Vom Tribunal correctionnel. Art. 48. Dieses tribunal correctionnel wird dargestellt entweder

a) von einem Einzelrichter, nämlich dem Präsidenten des tribunal de district, in den Fällen, in welchen der Angeklagte geständig ist, Art. 59, oder

b) von demselben Präsidenten zusammen mit einer Jury von sechs Geschworenen in den Fällen, in denen der Angeklagte nicht geständig ist. Art. 59, 74.

d) Von der Cour d'assises, besetzt mit drei Richtern und zwölf Geschworenen. Art. 48, 75.

Da nach Art. 93 das Amt des juge de paix und des président du tribunal durch dieselbe Person versehen werden kann, besteht in Neuchatel unter Umständen die Möglichkeit, daß derselbe Einzelrichter drei von den vier Gerichten erster Instanz allein darstellt. Es sind dies Verhältnisse, die natürlich nur in einem kleinen Staate möglich scheinen.

4. Fünfgliederung.

Diese Fülle von Gerichten erster Instanz besteht in dem Kanton Solothurn nach der Strafprozeßordnung von 1886. Je nach der Schwere der Tat urteilt in erster Instanz:

a) Der Friedensrichter in jeder Gemeinde. § 1.
b) Der Amtsgerichtspräsident als Einzelrichter. § 2.
c) Das Amtsgericht, bestehend aus dem Präsidenten und vier Mitgliedern. § 3 St.P.O. u. Art. 43 der Verfassung des Kantons Solothurn vom 23. Okt. 1887 [1]).
d) Das Obergericht, besetzt mit sieben Richtern einschließlich des Präsidenten. § 4 St.P.O. und Art. 42 der Verfassung.
e) Das Schwurgericht (drei Richter und zehn Geschworene). §§ 6, 9 der St.P.O.

1) Siehe in „Gesetze und Verordnungen des Kantons Solothurn". 60. Band. 1886—1890. Solothurn 1890. S. 47 ff.

5. Besonderheiten.

Solche finden sich in zwei neueren Schweizer Kantonsgesetzgebungen, nämlich:

1. Im Kanton Wallis. Hier ist nach der Loi sur l'organisation judiciaire vom 30. Mai 1896 die dreigliedrige erste Instanz wesentlich anders eingerichtet als anderwärts.
   a) Vor allem ist das Gericht unterster Ordnung kollegial besetzt. Es besteht als tribunal de police in jeder Gemeinde aus dem Gemeinderat oder einer Kommission von drei Mitgliedern, die aus dem Gemeinderat gewählt sind. Art. 2 Z. 1 und Art. 6.
   b) Dagegen besteht das Gericht mittlerer Ordnung aus einem Einzelrichter, dem juge-instructeur. Es führt weiter keine Bezeichnung. Das Gesetz spricht einfach von juges-instructeurs, die aber keineswegs etwa mit unserem Untersuchungsrichter gleichbedeutend sind, sondern als erkennende Richter tätig werden. Art. 2 Z. 2, Art. 63.
   c) Gerichte erster Instanz oberster Ordnung sind die tribunaux d'arrondissement. Besetzt ist das tribunal d'arrondissement mit dem juge-instructeur des Distrikts, in welchem die Strafsache anhängig ist, und mit den juges-instructeurs der beiden anderen Distrikte desselben Arrondissements. Art. 2 Z. 3 u. Art. 14 u. 70.

Ein Schwurgericht ist nicht vorhanden.

2. Im Kanton Zug. Das Gesetz betreffend die Organisation der Gerichtsbehörden vom 20. Juli 1905 unterscheidet eine niedere Strafpolizei und eine höhere Strafrechtspflege.
   a) Die niedere Strafpolizei wird ausgeübt je nach der Schwere der in Frage stehenden Übertretung
      a) von den Polizeiämtern;
      b) von den Einwohnerräten;
      c) von der Kantonspolizeidirektion.

Höher als bis zu zehn Tagen Gefängnis und 50 Fr. Geldstrafe geht aber auch die Zuständigkeit der Kantonspolizeidirektion nicht. Vgl. zu all diesem die §§ 42—48 des Ges. v. 20. Juli 1905.

b) Die höhere Strafrechtspflege wird verwaltet vom „Strafgericht“. § 51 lit. a. Dieses ist je nach der Schwere des Falls mit fünf oder sieben Mitgliedern einschließlich des Präsidenten besetzt. §§ 52, 53.

B. Gerichte höherer Instanz.

1. Staaten mit einer Zweigliederung der ersten Instanz.

In den Niederlanden bilden die Arrondissementsgerichte die Berufungsinstanz gegenüber den Kantongerichten (§ 58 des niederl. G.V.G.), die Gerichtshöfe (Geregthoven), besetzt mit drei Richtern, gegenüber den Arrondissementsgerichten (§ 68 ebenda). Der Hohe Rat (Hooge Raad, fünf Richter, § 100) ist Kassationsgericht, das nur über Rechtsfragen entscheidet, aber nicht bloß gegenüber Urteilen der Gerichtshöfe, sondern auch der Arrondissements- und Kantongerichte. (§§ 83ff. ebenda u. §§ 346ff. St.P.O.)

Im Kanton Schwyz entscheidet über Urteile sowohl der Bezirksgerichte wie des Kriminalgerichts als Berufungsinstanz das Kantonsgericht. § 18 Z. 9. § 293ff. des Ges. über das Verfahren in Strafrechtsfällen. auch § 60 der Verfassung. Ein höheres Gericht als das Kantonsgericht gibt es nicht. § 64 der Verfassung.

In Japan ist das Landgericht Berufungsinstanz für die Bezirksgerichte (§ 26 Z. 2 G.V.G.), das Oberlandesgericht (fünf Richter) für die Landgerichte (§ 38 Z. 1), ebenso Revisionsinstanz für die Berufungsurteile der Landgerichte (§ 37 Z. 2) und der oberste Gerichtshof (sieben Richter) Revisionsinstanz gegenüber den Berufungsurteilen der Oberlandesgerichte (§ 50 Z. 1a).

2. Staaten mit einer Dreigliederung der ersten Instanz.

In Frankreich und Belgien ist das tribunal correctionnel (drei Richter) Berufungsgericht gegenüber den tribunaux de simple police (Art. 172 C. d'instr. crim.), die cour d'appel (fünf Richter) gegenüber den tribunaux correctionnels (Art. 201), die cour de cassation (elf Richter) Kassationsinstanz gegenüber den in letzter Instanz erlassenen Entscheidungen und Urteilen in schwurgerichtlichen, korrektionellen und einfachen polizeilichen Sachen (Art. 407).

Die gleiche Gliederung der höheren Instanz findet sich in Italien: Tribunale (drei Richter [1]), Corte d'appello (ebenfalls drei Richter [2]) und Corte di cassazione (fünf Richter [3]).

In Bern ist der Instanzenzug einfach gestaltet: Das Obergericht hat zwei Strafkammern, von denen sich die eine aus fünf, die andere aus drei Mitgliedern zusammensetzt. Die erste ist Rechtsmittelinstanz, die zweite ist die Assisenkammer [4]).

In Glarus liegen die Verhältnisse ähnlich: Zweite und letzte Instanz ist das Obergericht (Präsident und sechs Mitglieder [5]), sowohl gegenüber den kriminalgerichtlichen wie polizeigerichtlichen Urteilen (§ 141). Gegen Urteile des Präsidenten ist Einsprache zulässig und diese bewirkt, daß das Urteil als nicht erlassen betrachtet und die Sache in das ordentliche Verfahren übergeleitet wird (§ 176).

In Zürich ist Berufungsgericht das Obergericht gegenüber Entscheidungen der Einzelrichter und der Bezirksgerichte [6]), im ersten Fall besetzt mit drei, im letzten mit fünf Richtern (§ 51). Das Kassationsgericht (sieben Richter) beurteilt die Nichtigkeitsbeschwerden über Urteile des Obergerichts und des Schwurgerichts (§ 92).

---

1) Ordinamento giudiziario. Art. 67 Abs. 2.

2) Ordinamento giudiziario, Art. 75.

3) Ebenda Art. 149. — Vgl. über die Zuständigkeit dieser Gerichte höherer Instanz den Codico di procedura penale von 1913. Art. 477, 478, 500 ff.

4) Art. 9, 11 des Ges. über die Organisation der Gerichtsbehörden vom 31. Jan. 1909.

5) § 3 der St.P.O. v. 7. Mai 1899.

6) § 48 Z. 1 des Ges. betr. das Gerichtswesen im allgemeinen v. 29. Jan. 1911.

In Waadt fungiert das Tribunal cantonal (fünf Richter) als chambre de recours gegenüber den Urteilen des Einzelrichters, des Polizei- und Kriminalgerichts [1]). In einer Besetzung mit drei Richtern ist es cour de cassation. (Art. 50 lit. c. u. 60.)

In Oesterreich sind die „Gerichtshöfe erster Instanz" (Landes- und Kreisgerichte zu vier Richtern) Berufungsgerichte in Übertretungsfällen, d. h. gegenüber den Bezirksgerichten (§ 10 Z. 4, § 13 Z. 2, St.P.O.) und die „Gerichtshöfe zweiter Instanz" (Oberlandesgerichte, Senate von fünf Richtern) sind Berufungsgerichte gegenüber den Gerichtshöfen erster Instanz und den Schwurgerichten (§§ 15, 280, 343 St.P.O.); der „oberste Gerichtshof" (sieben Richter) ist Kassationshof in allen Fällen der Nichtigkeitsbeschwerde. (§ 16 St.P.O.) Diese gibt es nicht nur gegen Urteile der Schwurgerichte (§ 343), sondern auch der Gerichtshöfe erster Instanz. (§ 280.)

In Ungarn geht die Berufung gegen Urteile der Bezirksgerichte an die (kgl.) Gerichtshöfe (drei Richter), in Budapest speziell an den dortigen (kgl.) Gerichtshof für Strafsachen (Gesetzartikel XLIV, 1895), gegen erstinstanzliche Urteile der (kgl.) Gerichtshöfe an die (kgl.) Tafeln (= Oberlandesgerichte, fünf Richter). Die (kgl.) ungarische Kurie (oberster Gerichtshof) in Budapest ist dritte und letzte Instanz für Nichtigkeitsbeschwerden gegen Urteile der (kgl.) Tafeln und der Schwurgerichte. Sie urteilt in der Besetzung mit fünf Richtern.

In Norwegen unterscheidet man den Antrag auf erneute Verhandlung vor höherem Gericht und die Berufung. Jener Antrag bringt Fälle, die vom Verhörsgericht oder vom Schöffengericht abgeurteilt sind, ans Schwurgericht. Es muß sich hierbei um die Behauptung unrichtiger Entscheidung der Schuldfrage handeln. Mit der Berufung dagegen kann man Urteile des Verhörs- und des Schöffengerichts wie des Schwurgerichts der Prüfung des Höchstgerichts zu-

---

6) Art. 50 lit. a. der Loi sur l'organisation judiciaire v. 15. Mai 1911, ferner Art. 89, 94, 96.

führen. Die Berufung kann aber nicht auf unrichtige Entscheidung der Schuldfrage gestützt werden. (§§ 400, 401, 378, 380).

3. Staaten mit Viergliederung der ersten Instanz.

In Österreich soll sich nach den Entwürfen in Bezug auf die Instanzenbildung im künftigen Rechte nichts ändern. Trotz der starken Heranziehung von Laien hat man solche in die Berufungsgerichte nicht hereingenommen. Die bisherigen Gerichtshöfe erster Instanz, besetzt mit 4 Richtern, bleiben Berufungsgerichte gegenüber den Bezirksgerichten (§ 13 Abs. 2 Entw.). Es liegt hierin eine auffallende Verschwendung von Kräften gegenüber Urteilen des Einzelrichters, die noch dazu nur in Übertretungssachen ergangen sind. Die Gerichtshöfe zweiter Instanz (Oberlandesgerichte, besetzt mit 5 Richtern) fungieren als Berufungsgerichte gegenüber den kleinen und großen Schöffengerichten sowie den Schwurgerichten. § 15 Abs. 1 in der bisherigen Fassung des Gesetzes. §§ 280, 283, 345. Der oberste Gerichtshof bleibt Kassationsgericht wie bisher. Nur urteilt er in der Besetzung von 5 Richtern statt wie seither von 7. § 16 Abs. 2 des Entwurfs. —

In Neuchatel besitzt man nur ein einziges Gericht höherer Instanz, eine cour de cassation pénale, Art. 48. „La cour de cassation pénale connait des recours interjetés contre les jugements rendus par une instance pénale et des demandes en revision et en réhabilitation“ Art. 63. Die cour de cassation pénale ist besetzt mit 5 Richtern. Art. 78 der Loi sur l'organisation judiciaire vom 22. März 1910.

4. Sonstige Staaten.

In dem mit einer fünffach gegliederten ersten Instanz ausgestatteten Kanton Solothurn wirken als Gerichte höherer Instanz das Obergericht, das für bestimmte Fälle auch Gericht erster Instanz ist, und das Kassationsgericht. Das Obergericht (7 Richter) bildet die Berufungsinstanz für die von Amtsgerichten gefällten Urteile und ist Kassationsgericht bezüglich der Urteile der Friedensrichter, Amtsgerichtspräsidenten und der Amtsgerichte. § 4 Abs. 2 u. 3 der Str. P. O. v. 1886. Das Kassationsgericht (7 Richter) beurteilt die Nichtigkeitsbeschwerden gegen Urteile des Schwurgerichts. § 16.

In Wallis entscheidet ein Einzelrichter, der juge-instructeur, über Rekurse wegen offenbarer Gesetzesverletzung gegen die Urteile der kollegial (mit Laien) besetzten tribunaux de police (Art. 67), die Tribunaux d'arrondissement (3 Richter) über Berufungen gegen die Urteile der Juges-instructeurs (Art. 70) und die Cour d'appel über Rekurse und Revisionen gegen erstinstanzliche Urteile der Tribunaux d'arrondissement. (Art. 72 der Loi sur l'organisation judiciaire von 1896.)

In Zug ist die Regelung der höheren Instanzen wenig einheitlich. Gegen die Straffestsetzungen der Polizeiämter findet Rekurs an den Einwohnerrat und gegen dessen Entscheid an den Regierungsrat statt (§ 43). Gegen die Strafurteile der Einwohnerräte gibt es nur das Rechtsmittel der Kassation an das Strafobergericht (§ 45 Abs. 3), gegen Urteile der Kantonspolizeidirektion Rekurs an das Strafgericht (§ 47), gegen Urteile des Strafgerichts Kassation und Revision zum Obergericht bei geringfügigeren, dagegen Appellation ans Obergericht bei den schwereren Delikten. (§ 56 des Gesetzes betr. die Organisation der Gerichtsbehörden von 1905).

Über die Organisation der Schweizer Gerichte im Allgemeinen möchte ich hier bemerken, daß sich nirgends die Schöffengerichtsverfassung findet. Tatsächlich können aber Laien als Beisitzer genommen werden; es ist sogar in den meisten Kantonen möglich, daß das gesamte Richterpersonal einschließlich des Vorsitzenden aus Laien besteht; denn es kann jeder Bürger als Richter gewählt werden, und nur vereinzelt wird für den Richter juristische Vorbildung verlangt. In der ersten Instanz überwiegt daher, zumal in den ländlichen Kantonen, das Laienelement; doch wird wenigstens darauf gesehen, daß der Gerichtsschreiber ein Jurist

ist. In die oberen Instanzen aber wählt man durchweg fast nur Juristen und in den Städten auch in die erste Instanz [1]).

III. Vorschläge für das künftige deutsche Recht.

I. Die Gliederung der ersten Instanz.

Man kann als feststehend annehmen, daß auch in Zukunft die Laien an unserer Strafrechtspflege beteiligt sein werden und zwar in den gleichen Formen wie bisher. Die Schwurgerichte wird man trotz aller Bedenken, die gegen sie geltend gemacht worden sind, in ihrer bisherigen Form beibehalten. Daran ist nicht zu zweifeln nach allem, was in den Entwürfen und ihrer Begründung, im Reichstag und in den Landtagen der Einzelstaaten aus den Reihen der Volksvertreter wie vom Regierungstisch aus über sie gesagt worden ist. Unter den jetzigen durch die politische Umwälzung geschaffenen Verhältnissen ist erst recht an eine Aufhebung oder Änderung der Schwurgerichte nicht zu denken. Ebenso werden die Schöffengerichte bestehen bleiben.

Indem ich dies als feststehend voraussetze, habe ich die Frage zu prüfen, ob wir tatsächlich einer so vielfach gegliederten ersten Instanz wie bisher — Amtsrichter, Schöffengericht, Strafkammer, Schwurgericht [2]) — bedürfen.

1) Vgl. hierüber Hans Reichel, Bestellung und Stellung der Richter in der Schweiz und im künftigen Deutschland. Tübingen 1919. Wer sich über Volksrichtertum, Wahl der Richter aus dem Volk (ohne Beschränkung auf Juristen) und durch das Volk in der Schweiz und die Möglichkeit oder vielmehr Unmöglichkeit der Übertragung dieser Einrichtungen auf Deutschland unterrichten will, findet in der Schrift von Reichel reiche Belehrung.

2) Von der Behandlung der Frage, ob das Reichsgericht, welches ja auch in bestimmten Fällen als erste Instanz urteilt, als solche entbehrlich ist, sehe ich ab. Man hat bei der Beratung des Gerichtsverfassungsgesetzes diese Frage eingehend erörtert. Vgl. C. Hahn, die gesamten Materialien zu dem G. V. G. 2. Aufl. 1883 S. 136—138, 832—836, 919—921, 1339—1347. Sicher sprechen manche prinzipielle Gründe gegen die Beibehaltung dieser ersten Instanz. Man hat auch

Ich halte die Viergliederung für überflüssig und die Dreigliederung — unter Ausschaltung der Strafkammer als Gericht erster Instanz — für genügend und auch für zweckmäßiger, einmal an sich und zweitens, weil sich bei solcher Dreigliederung die schwierige und vielumstrittene Frage der Schaffung einer Berufungsinstanz ohne besondere Schwierigkeit lösen läßt[1]).

Die Ausschaltung der Strafkammer als Gericht erster Instanz entspricht der Entwicklung, die unsere Gerichtsverfassung seit den siebziger Jahren des 19. Jahrhunderts genommen hat. Es ist seit jener Zeit ständig eine Verschiebung der sachlichen Zuständigkeit von oben nach unten zu bemerken. Schon die anfänglich beabsichtigte Regelung der Zuständigkeit nach der französischen Dreiteilung der strafbaren Handlungen ließ sich nicht glatt durchführen. Um die Schwurgerichte nicht zu überlasten, hat man diesen gleich bei Erlaß des Gerichtsverfassungsgesetzes eine große Anzahl von Verbrechen abgenommen und den Strafkammern zur Aburteilung übertragen. Die Strafkammern wiederum entlastete man durch Überweisung sehr vieler Vergehen an die Schöffengerichte und diesen nahm man eine Reihe von Fällen ab, die der Amtsrichter, sei es in einem ordentlichen Gerichtsverfahren (§ 211 Abs. 2 St.P.O.), sei es im Wege des Strafbefehls zu erledigen hat. Die Novelle vom 5. Juni 1905 ist dann noch einen guten Schritt weitergegangen, indem sie die Zuständigkeit der Schöffengerichte sowohl unmittelbar wie

in der Militärstrafgerichtsbarkeit nicht etwa dem Reichsmilitärgericht die erstinstanzliche Zugeständigkeit des Reichsgerichts übertragen. Vgl. Begründung des Entwurfs einer Militärstrafgerichtsordnung zu § 56. Aber es haben sich Mißstände aus der erstinstanzlichen Zuständigkeit des Reichsgerichts meines Wissens nicht ergeben, und eine unabhängigere und zuverlässigere Rechtsprechung als jene des Reichsgerichts läßt sich auch kaum denken. Es wäre nur zu erwägen, ob man nicht geradeso wie bei Verrat militärischer Geheimnisse auch in allen anderen Fällen die Verhandlung und Urteilsfällung nur einem einzigen Senat übertragen solle.

1) Diesen Gedanken und seine nähere Begründung habe ich schon einmal ausgesprochen in meiner Schrift „Fragen der Gerichtsorganisation im künftigen Strafprozeß“ Leipzig im Januar 1909.

mittelbar auf dem Umweg über die beschließende Strafkammer (Überweisung) erheblich ausdehnte.

Noch weiter ging der Entwurf eines Gesetzes betreffend Änderungen des Gerichtsverfassungsgesetzes (Reichstagsvorlage) von 1909[1]). Er vermehrte die Zahl überweisungsfähiger Vergehen und fügte sogar einige Verbrechen bei, nämlich einfachen Diebstahl und Betrug im Rückfall.

Allerdings sollte das Schöffengericht in diesen Fällen nur zuständig gemacht werden können, wenn voraussichtlich auf keine höhere Strafe als 6 Monat Gefängnis oder 1500 Mk. Geldstrafe zu erkennen sein würde. Außerdem aber sollten nach dem Entwurf die sämtlichen Verbrechen Jugendlicher, die an sich vor die Strafkammer gehören, und sogar einige schwurgerichtliche Fälle, nämlich Raub nach §§ 249, 250, 252 und gewisse Arten der Brandstiftung und Eisenbahntransportgefährdung (§§ 308 und 315), wenn von Jugendlichen begangen, an das Schöffengericht gebracht werden können ohne Rücksicht auf die Höhe der zu erwartenden Strafe. In all diesen Fällen ist die Überweisung gegenüber dem jetzigen Recht dadurch erleichtert, daß es nicht mehr eines Beschlusses der Strafkammer, sondern nur der Anklageerhebung beim Amtsgericht durch den Staatsanwalt bedürfen soll. (§ 23^2 des Entwurfs.)

Die Schöffengerichte aber sollten dadurch entlastet werden, daß man dem Amtsrichter als Einzelrichter die Aburteilung sämtlicher Übertretungen und jener Vergehen übertrug, welche nur mit Geldstrafe von höchstens 300 M., allein oder neben Haft oder in Verbindung mit Einziehung, bedroht sind, sowie die Vergehen nach § 146a der Gewerbeordnung (§ 23^3 des Entwurfs).

Einerseits ängstlicher, andrerseits viel radikaler als der Regierungsentwurf zeigt sich die zur Beratung des Entwurfs eingesetzte Reichstagskommission in Bezug auf die Abgrenzung der Zuständigkeit von Amtsrichter und Schöffengericht. Dem Amtsrichter als Einzelrichter schenkt sie nicht

1) Drucksachen des Reichstags, 12. Legislatur-Periode II. Session 1909/1911 Nr. 638. 4. Teil. S. 686 ff.

viel Vertrauen. Sie überläßt ihm nur die Aburteilung der Liederlichkeits-Übertretungen (§ 361 Z. 3—8 St.-G.-B.); jene der anderen Übertretungen entzieht sie ihm, da viele Übertretungen politischer oder sozial-politischer Natur seien und ihre Aburteilung durch die Einzelrichter Bedenken erregen müsse [1]). Sie gesteht ihm also nicht einmal mehr ihre Aburteilung im Umfang des § 211 Abs. 2 St. P. O. zu. Dagegen gibt die Kommission dem Schöffengericht Beweise besonderen Vertrauens. Sie gestattet dem Staatsanwalt, beim Schöffengericht Anklage zu erheben wegen aller zur Zuständigkeit der Landgerichte gehörigen Verbrechen und Vergehen, also auch wegen schwurgerichtlicher Verbrechen, wenn sie von einem Jugendlichen begangen sind. Die Klage soll indessen bei dem Schöffengericht nur erhoben werden, wenn keine schwerere Strafe als Gefängnis oder Festungshaft von sechs Monaten oder Geldstrafe von 1500 M., allein oder neben Haft oder in Verbindung mit einander oder mit Nebenstrafen, und keine höhere Buße als 1500 M. zu erwarten ist (§ 23² des Kommissionsentwurfs [2]).

Der Entwurf eines Gesetzes zur Vereinfachung der Rechtspflege (dem Reichstag vorgelegt am 10. März 1917) ging insofern noch etwas weiter, als er dem Staatsanwalt die Begründung der Zuständigkeit des Schöffengerichts gestattet unter der Voraussetzung, daß keine höhere Strafe als Gefängnis oder Festungshaft von einem Jahre oder Geldstrafe von 3000 M. zu erwarten sei [3]).

Nun werde man sich darüber klar, wie weit nach diesen Vorschlägen der Regierungsentwürfe und der Reichstagskommission die Zuständigkeit des Schöffengerichts reichen soll! Das Schöffengericht wird Gefängnis und Festungshaft bis zu 15 Jahren verhängen können. Daneben darf es den

1) Drucksachen des Reichstags 12. Legisl. Periode II. Session 1909 bis 1911. Nr. 638 1. Teil S. 15 ff.

2) A. a. O. 1. Teil S. 10 ff. 4. Teil S. 689.

3) Das Gesetz betr. die Vereinfachung der Rechtspflege vom 21. Oktober 1917 ging dann allerdings nicht so weit, wenn es die Zuständigkeit der Schöffengerichte auch schon beträchtlich erweitert hat.

Verlust der bürgerlichen Ehrenrechte und die Zulässigkeit von Polizeiaufsicht aussprechen, auch durch Überweisung an die Landespolizeibehörde die Unterbringung in ein Arbeitshaus veranlassen. Beispiele: Ein Jugendlicher wird wegen Totschlags, begangen unter mildernden Umständen, angeklagt. Der Staatsanwalt hält den Fall für so leicht, daß er keine höhere Strafe als 6 Monat bezw. 1 Jahr Gefängnis erwartet. In der Hauptverhandlung vor dem Schöffengericht charakterisiert sich die Tat als Mord. Eine Verweisung an die Strafkammer findet nicht statt, weil das Schöffengericht durch die Anklageerhebung ein für allemal zuständig geworden ist. Die mögliche Höchststrafe ist 15jähriges Gefängnis. Oder ein Erwachsener hat drei Urkundenfälschungen im Sinne des § 268 Str.-G.-B. oder drei schwere Diebstähle, nach der Ansicht des Staatsanwalts unter mildernden Umständen, begangen. Der Staatsanwalt erwartet für jede Tat höchstens 6 Monat bezw. 1 Jahr Gefängnis. Das durch die Anklageerhebung zuständig gewordene Schöffengericht beurteilt die Fälle schärfer und verhängt für jeden 4 Jahre Gefängnis, zusammen eine Gesamtstrafe von 10 Jahren. Oder es wird jemand wegen mehrerer Zweikämpfe vor dem Schöffengericht angeklagt, weil der Staatsanwalt nicht mehr als 6 Monat bezw. 1 Jahr Festungshaft für jeden einzelnen für angemessen hält. In der Verhandlung stellen sich die Fälle als weit strafwürdiger heraus. Nun kann das Schöffengericht eine Gesamtstrafe bis zu 15 Jahren Festungshaft aussprechen.

Auch nach heutigem Recht ist das Schöffengericht schon in der Lage, im Falle der Realkonkurrenz Gefängnisstrafe bis zu 10 Jahren zu verhängen. Nur Zuchthausstrafe kann es weder jetzt noch nach dem Regierungsentwurf von 1909 und den Vorschlägen der Reichstagskommission und dem Entwurf von 1917 aussprechen[1]).

Wenn man nun schon so weit gegangen ist, dem Schöffen-

1) § 253 des Regierungsentwurfs und der Beschlüsse der Reichstagskommission: „Das mit Schöffen verhandelnde Amtsgericht hat sich für unzuständig zu erklären und die Sache an das Landgericht zu verweisen, wenn es Zuchthausstrafe für verwirkt erachtet . . . .“

gericht eine Zuständigkeit einzuräumen, die es berechtigt Gefängnisstrafe und Festungshaft bis zu 15 Jahren zu verhängen, dann ist es kein allzukühner Schritt mehr, ihm auch noch die Befugnis zur Verhängung von Zuchthausstrafe zu verleihen. Einem erfahrenen älteren Amtsrichter, der zusammen mit den beiden Schöffen über Mord und Totschlag, Münzvergehen und alle möglichen schweren Straftaten aburteilen kann, wenn sie von Jugendlichen, in sehr vielen Fällen auch wenn sie von Erwachsenen begangen sind, einem solchen Gericht wird man wohl auch das Zutrauen schenken dürfen, daß es auf Zuchthausstrafe im richtigen Fall und im richtigen Maße erkennen wird. Versteht man sich zu diesem Schritt, dann ist die Strafkammer als erstinstanzliches Gericht mittlerer Ordnung überflüssig geworden.

Die ganze Entwicklung zielt auf die Beseitigung der Strafkammer als Gericht erster Instanz. In der oben genannten Reichstagskommission hat man zur Begründung des Antrags auf Vermehrung der überweisungsfähigen Delikte dies schon ausdrücklich anerkannt. Man sagte dort[1]), „es sei erstrebenswert, die ganze Strafrechtspflege erster Instanz aufzuteilen zwischen den bei den Amtsgerichten zu errichtenden Schöffengerichten und den Schwurgerichten. Gehe das zurzeit noch nicht an, so müsse man wenigstens die sachliche Zuständigkeit der amtsgerichtlichen Schöffengerichte nach Möglichkeit erweitern. Dadurch würde die Bedeutung der Amtsgerichte gehoben, die Rechtspflege dezentralisiert und das Verfahren verbilligt, indem es den dabei beteiligten Personen und Dingen näher gerückt werde. Auch würde an Richterpersonal gespart, und darauf sei bei jeder Justizreform, soweit die Sache nicht darunter leide, zu sehen“. Was hier zugunsten einer Erweiterung der schöffengerichtlichen Zuständigkeit unter Beibehaltung der Strafkammern gesagt wird, gilt natürlich ebenso für den Fall der Beseitigung der Strafkammer.

1) Drucksachen des Reichstags 12. Leg.-Per. II. Session 1909/1911 Nr. 638, 1. Teil S. 12 „Begründung zu 7“.

Auch in der Literatur zeigt sich schon ganz deutlich das Streben nach Ausschaltung der Strafkammer. Man hat gegenüber dem Vorschlag des Entwurfs, die Strafkammer mit zwei Richtern und drei Schöffen zu besetzen, schon empfohlen eine Besetzung mit einem Richter und vier Schöffen (so v. Lilienthal in der Zeitschrift f. d. gesamte Strafrechtswissenschaft, 29. Bd., S. 16) oder mit einem Richter und drei Schöffen (so Mittermaier in Aschaffenburgs Monatsschrift für Kriminalphychologie und Strafrechtsreform 1908, S. 467), auch schon mit einem Richter, der zum Unterschied vom amtsgerichtlichen Schöffengerichte ein Landgerichtsdirektor sein soll, und zwei Schöffen [1]). Wenn eine derartige Besetzung der Strafkammer vorgeschlagen wird, um was anderes handelt es sich dann als um ein einfaches Schöffengericht? Was soll dann noch eine Strafkammer? Eine wesentliche Verbesserung der Rechtsprechung liegt in der Zuziehung eines oder zweier weiterer Schöffen wahrlich nicht. Entschließt man sich zur Verwendung eines einzelnen Richters, dann ist der Hauptschritt geschehen; die Zahl der beisitzenden Schöffen ist von geringerer Bedeutung. Trägt man aber Bedenken, einem mit einem Richter und nur zwei Schöffen besetzten Gericht die Aburteilung von Verbrechen anzuvertrauen, so erhöhe man für Verbrechensfälle die Zahl der Schöffen auf vier, wenn man sich nicht scheut, den Aufwand von Laienkräften und von Geld allzusehr zu steigern.

Die Zuweisung von Verbrechen zur Aburteilung an Schöffengerichte ist übrigens schon dem geltenden deutschen Recht nicht fremd. So ist die ganze Gerichtsbarkeit der Strafkammer in den Konsulargerichtsbezirken dem Konsulargericht übertragen. Dieses ist besetzt mit dem Konsul und vier Laienbeisitzern und, wenn die Zuziehung von vier Beisitzern nicht ausführbar ist, mit zwei Beisitzern. (Gesetz über die Konsulargerichtsbarkeit vom 7. April 1900 §§ 8 und 9.) In den deutschen Schutzgebieten gar besaß ein Schöffengericht die Zuständigkeit, auch jene Verbrechen abzuurteilen, welche in

1) Beratungen der Reichstagskommission. Drucksachen des Reichstags. 12. Legisl.-Per. II. Session 1909/1911 Nr. 638, 1. Teil, S. 25.

Deutschland vor die Schwurgerichte gehören, nämlich das Kaiserl. Bezirksgericht, besetzt mit dem Kaiserl. Bezirksrichter und vier, eventuell nur zwei Laienbeisitzern (Schutzgebietsgesetz vom 25. Juli bezw. 10. Sept. 1900 §§ 2 und 6 Z. 4 und Kaiserl. Verordnung, betr. die Rechtsverhältnisse in den deutschen Schutzgebieten vom 9. Nov. 1900 § 7). Auch die Kriegsgerichte in unserem Militärstrafverfahren sind nichts anderes als Schöffengerichte. In der Besetzung mit zwei Juristen und und drei Laien entscheiden sie sogar über jene Verbrechen, die nach der bürgerlichen Strafgerichtsverfassung von den Schwurgerichten und dem Reichsgericht abgeurteilt werden. Für unsere mit einem Richter und zwei Schöffen besetzten Schöffengerichte soll aber die Aburteilung dieser schweren Verbrechen gar nicht in Anspruch genommen werden.

Und einen Teil des Zutrauens, das wir unseren Konsuln, unseren Kolonial- und Militärrichtern schenken, dürfen wir, meine ich, doch auch unseren ordentlichen Gerichten nicht versagen.

In neuester Zeit finde ich die Beseitigung der Strafkammern als Gerichte erster Instanz vorgeschlagen durch Volkmar, Amtsgerichtsrat in Berlin, in einem Aufsatz „Die Gerichtsverfassung im neuen Deutschland“ (Deutsche Juristenzeitung 1919, S. 218ff.) und durch J. Goldschmidt, Zur Reform des Strafverfahrens, 1919, S. 11.

Übertragen wir unter Beseitigung der Strafkammern deren Zuständigkeit auf die Schöffengerichte, so geht es nicht an, den Amtsrichter als Einzelrichter von der Aburteilung der Übertretungen in so weitem Umfang auszuschließen, wie die Reichstagskommission getan hat aus Besorgnis, der Amtsrichter möchte den politischen und sozialpolitischen Fragen nicht gerecht werden können, die bei Beurteilung von Übertretungen hereinspielen. Man darf wohl annehmen, daß die deutschen Amtsrichter nicht eben unfähiger und übelwollender sind als ihre Kollegen in anderen Staaten. Trotzdem will man ihnen ein Vertrauen nicht schenken, das man in fremden Staaten dem Einzelrichter ohne jedes Bedenken entgegenbringt. Im Ausland wird, wie aus meiner vergleichenden Darstellung sich ergibt, fast durchweg vom Einzelrichter die Gerichtbarkeit unterster Ordnung ausgeübt. Sogar dort, wo man nur zwei Gerichte erster Instanz hat (Niederlande und Japan), ist das eine mit einem Einzelrichter besetzt. Man denkt, soviel ich sehe, nirgends daran, dem Einzelrichter seine Gerichtbarkeit zu entziehen und ihm Schöffen an die Seite zu setzen. Selbst Österreich, das eine Heranziehung von Schöffen in weiterem Umfang plant, will den Einzelrichter als Richter unterster Ordnung beibehalten.

Jeder halbwegs Einsichtige muß sich sagen, daß Deutschland in seinen jetzigen Verhältnissen durchaus nicht in der Lage ist, Menschenkraft und Zeit zu vergeuden, sondern alle Kräfte zusammenraffen muß, um aus den durch Krieg und Revolution geschaffenen jammervollen Zuständen heraus zu kommen. Es besteht daher kein Anlaß, Laien in großem Umfang ihrer Berufsarbeit zu entziehen, um sie als Richter zu verwenden, wo dies nicht unbedingt nötig ist. Durch die bedeutende Erweiterung der Zuständigkeit der Schöffengerichte wird ohnehin der Laie mehr durch Richterdienst in Anspruch genommen werden, als es der Erfüllung seiner Berufspflichten zuträglich ist. Auch sollte man nicht übersehen, daß die Heranziehung von Schöffen die Rechtspflege erheblich verteuert. Das Amt der Schöffen ist nicht mehr wie früher reines Ehrenamt. Wo man, wie bei den Übertretungen und einfachen Vergehen, besonders auch bei Privatklagesachen, mit dem Berufsrichter auskommt, soll man die Kosten der Rechtsprechung nicht durch Zuziehung von Schöffen ohne Not steigern.

Wer aber dem Einzelrichter Mißtrauen entgegenbringt, der mag sich mit dem Bewußtsein trösten, daß gegen seine Entscheidungen die Berufung an ein Kollegialgericht und zwar voraussichtlich ein Schöffengericht, zulässig sein wird.

Die einfache und klare Dreigliederung der ersten Instanz — Schwurgericht, Schöffengericht, Amtsrichter —, die ich vorschlage, entspricht der Ausgestaltung der ersten Instanz in einem großen Teil der fremden Staaten. Ein Unterschied besteht nur insofern, als dort die Gerichte mittlerer Ordnung fast durchweg mit rechtsgelehrten Richtern besetzt sind, weil man die Schöffengerichtsverfassung nicht kennt. Eine Ausnahme finde ich in Norwegen, und dort ist die Gliederung der ersten Instanz genau dieselbe, wie ich sie für Deutschland empfehle: ein Einzelrichter, ein Schöffengericht, besetzt mit einem Richter und zwei Schöffen, und das Schwurgericht. Diese Dreigliederung besteht in Norwegen schon seit 32 Jahren, und man hat, wie mir von sachverständiger Seite aus Norwegen mitgeteilt wird, nie daran gedacht, zwischen Schöffengericht und Schwurgericht noch ein anderes Gericht einzuschieben.

Bei der großen Erweiterung der schöffengerichtlichen Zuständigkeit, die ich vorschlage, und in Anbetracht der Aufgaben, die dann des Schöffengerichtes harren, versteht es sich von selbst, daß nur ältere, erfahrene und tüchtige Kriminalisten an die Spitze der Schöffengerichte gestellt werden dürfen. Allerdings würde es schwierig sein, für die große Menge der Schöffengerichte die erforderliche Zahl kriminalistischer Spezialisten zu finden. Dieser Schwierigkeit wäre indessen dadurch zu begegnen, daß man für die schwereren Fälle mehrere Schöffengerichtsbezirke zu einem einzigen vereinigt und an seine Spitze den Kriminalisten von der gewünschten Beschaffenheit stellt, diese Stelle vielleicht auch zu einem Beförderungsposten erhebt, um tüchtige Kriminalisten für sie zu gewinnen. Die leichteren Straffälle verblieben den einzelnen Schöffengerichten[1]). Bei einer derartigen Organisation handelt es sich durchaus nicht etwa wieder um Schaffung einer vierten Art von Gerichten erster Instanz, sondern nur um Zusammenlegung mehrerer Amts-

1) Dieser Vorschlag findet sich bereits in meinen „Fragen der Gerichtsorganisation vom Januar 1909“ S. 36. Aschrott, Deutsche Juristenztg. 1909, S. 236, spricht denselben Gedanken aus: „Sicher befindet sich nun nicht an jedem kleinen Amtsgericht ein derartig geeigneter Richter. Aber mit meinem Vorschlage ist es durchaus vereinbar, mehrere benachbarte Amtsgerichte für die Aburteilung der größeren und schwereren Sachen zu einem Schöffengericht zusammenzulegen, so daß diese Sachen also nur bei den mit einer größeren Zahl von Richtern besetzten Amtsgerichten zur Verhandlung kommen würden, bei denen die Justizverwaltung unschwer für eine geeignete Richterkraft sorgen könnte.“ J. Goldschmidt, Zur Reform des Strafverfahrens 1919, schließt sich neuerdings diesem Gedanken an. S. 11.

gerichtsbezirke aus Zweckmäßigkeitsgründen zu einem Schöffengerichtsbesirk. Diese Zusammenlegung wäre im Gerichtsverfassungsgesetz auch keineswegs zwingend vorzuschreiben, sondern sie müßte dem Ermessen der Landesjustizverwaltung überlassen bleiben. Mit der geplanten Organisation von Berufungssenaten für mehrere Landgerichtsbezirke hätte dieses Schöffengericht für mehrere Amtsgerichtsbezirke seiner Natur nach nichts gemein. Der Berufungssenat soll ein über den Strafkammern stehendes Gericht sein, während das Schöffengericht für mehrere Amtsgerichtsbezirke dem Schöffengericht des einzelnen Amtsgerichtsbezirks rechtlich gleichsteht.

Man mag gegen die Übertragung der Strafkammerzuständigkeit an das Schöffengericht das Bedenken haben, daß darin eine Verschlechterung der ersten Instanz liege: An Stelle der vom Entwurf geplanten Besetzung mit zwei Richtern und drei Schöffen tritt eine solche mit einem Richter und zwei Schöffen. Allein der Schaden wird reichlich aufgewogen durch die Einführung der Berufung.

II. Die Gerichte höherer Instanz.

1. Berufungsgerichte.

Im Ausland hat man zumeist, so z. B. in Frankreich, Belgien, Italien, in den Niederlanden, in Österreich, die Berufung gegen die Urteile der mittleren Gerichte erster Instanz an den nächsthöheren Gerichtshof zugelassen, an die cour d'appel, corte d'appello, an die Geregtshoven, an die „Gerichtshöfe zweiter Instanz“ (Österreich). In Deutschland entsprechen diesen Gerichten die Oberlandesgerichte. Es wäre das nächstliegende gewesen, nach Einführung der Berufung gegen die Strafkammerurteile die Strafsenate der Oberlandesgerichte zu Berufungsgerichten zu machen. Aber wegen der großen Ausdehnung der Oberlandesgerichtsbezirke hat man das in der Begründung des Entwurfs als nicht angängig erklärt und es vorgezogen, die Berufung den Landgerichten zu überweisen und zwar einem eigenen Berufungssenat von fünf juristischen Mitgliedern, die natürlich nicht der ersten Instanz angehört haben dürfen.

Die Bedenken, welche ich gegen diesen Plan schon früher ausgesprochen habe[1]), hege ich auch heute noch:

Das Volk stellt sich als Berufungsgericht ein über der ersten Instanz stehendes Gericht vor. Einer aus Richtern desselben Gerichts zusammengesetzten zweiten Instanz bringt es kaum das nötige Vertrauen entgegen, und eine solche zweite Instanz wird sich gegenüber den Gerichtskollegen von der ersten Instanz auch nicht wohl der gebührenden Autorität erfreuen. Die kleineren äußeren Mittel, mit denen der Entwurf diesen Mängeln abzuhelfen sucht, werden nicht viel nützen: das Berufungsgericht soll „Berufungssenat" heißen; die Stelle des Vorsitzenden soll mit einem Richter in gehobener Stellung besetzt werden: mit dem Landgerichtspräsidenten, einem Landgerichtsdirektor oder einem Oberlandesgerichtsrat; es sollen nur ständig angestellte Richter als Beisitzer verwendet, die Geschäftsräume des Berufungssenats sollen in das Oberlandesgerichtsgebäude verlegt werden, wenn ein Berufungssenat für mehrere Landgerichtsbezirke am Sitze des Oberlandesgerichts eingerichtet wird. Ich verspreche mir sehr wenig von solchen Maßnahmen: Ein Landgerichtsdirektor soll ja ohnehin für die Regel den Vorsitz in der Strafkammer führen, und den Landgerichtspräsidenten ist ebenfalls schon nahe gelegt worden, wegen des Ansehens der Strafrechtspflege nicht bloß in Zivil-, sondern auch in Strafkammern den Vorsitz zu übernehmen. Ältere Richter mit dem Titel „stellvertretende Landgerichtsdirektoren" oder Oberlandesgerichtsräte sind in Bayern wohl an jedem Landgericht als Vorsitzende oder Mitglieder der Strafkammern tätig, und andere als ständig angestellte Richter gibt es dort überhaupt nicht. Die Verlegung der Geschäftsräume des Berufungssenats aber in das Oberlandesgerichtsgebäude ist bei Licht betrachtet doch nichts anderes als eine Verhüllung der Tatsache, daß dieser Senat eben nicht eine Abteilung des Oberlandesgerichts, sondern des Landgerichts ist.

1) Meine „Fragen der Gerichtsorganisation" im künftigen Strafprozeß 1909, S. 20 ff.

Für einen solchen für mehrere Landgerichtsbezirke gebildeten Berufungssenat werden auch erhebliche Schwierigkeiten im Geschäftsbetrieb nicht ausbleiben: Der Senat soll nicht ständig beisammen sein; seine Mitglieder sitzen in verschiedenen Landgerichten und erscheinen nur von Termin zu Termin zu den Verhandlungen des Senats. Wie werden sich die Richter auf die Verhandlungen vorbereiten? Daß sie jedesmal einige Zeit vor dem Termin am Sitzungsort erscheinen, um die Akten zu studieren, wird sich mit ihrer Tätigkeit an dem Landgericht, dem sie angehören, nicht vertragen. Ebensowenig aber empfiehlt sich eine Versendung der Akten; denn die Besorgnis, daß diese von ihrem Rundlauf bei mehreren Landgerichten nicht rechtzeitig zurückkehren und im entscheidenden Augenblick fehlen werden, vielleicht auch überhaupt nicht mehr zum Vorschein kommen, läßt sich nicht von der Hand weisen.

Vermutlich würde sich unter dem Zwang der Verhältnisse der Berufungssenat für mehrere Landgerichtsbezirke alsbald zu einem ständigen Gericht entwickeln — schon der Arbeitslast wegen. Etwa in der Hälfte der Fälle wird Berufung eingelegt werden. Sind nun vielleicht drei Landgerichte zu einem Berufungsbezirk vereinigt, so wird der Berufungssenat um die Hälfte mehr Arbeit zu leisten haben als jede einzelne der drei Strafkammern. An einen bloß zeitweiligen Zusammentritt des Senats ist unter solchen Umständen gar nicht zu denken; der Senat wird ganz von selbst zu einem ständigen Gericht. Damit werden aber wieder all die Nachteile, wenn auch in etwas verringertem Maße, eintreten, die man von der Zuweisung der Berufung an die Oberlandesgerichte fürchtet, und die von der Kommission für die Reform des Strafprozesses im ersten Band ihrer Protokolle S. 461 ff. eingehend dargelegt wurden. Da läge es immerhin näher, den regelmäßigen Instanzenzug einzuhalten und den Oberlandesgerichten die Berufung zuzuweisen. Selbst wenn dann in manchen Fällen abgezweigte Strafsenate gebildet werden müßten, wäre dies folgerichtiger als die Schaffung von Berufungssenaten, die in Wirklichkeit nichts sind als Abteilungen der Landgerichte, aber durch allerlei

Mittel äußerlich als ein über diesen stehendes Gericht hingestellt werden sollen.

Die ganze schwierige Frage der Einrichtung der Berufungsinstanz ist indessen auf einfache Weise zu lösen, wenn man sich entschließt, die Strafgerichtsbarkeit erster Instanz zwischen Amtsrichter, Schöffengericht und Schwurgericht aufzuteilen. Als Berufungsinstanz gegenüber den Urteilen des Amtsrichters und des Schöffengerichts würde die als Gericht erster Instanz ausgeschaltete Strafkammer eintreten[1]) — es fragt sich nur, ob als Schöffengericht oder als Kollegium rechtsgelehrter Richter. Ein Kollegium rechtsgelehrter Richter — drei würden ausreichen — hielte ich für das bessere Berufsgericht. Es käme dem Staat auch billiger zu stehen als ein Schöffengericht und würde weniger Kräfte und weniger Zeit kosten. Aber es ist wohl sicher, daß im künftigen Reichstag ein rechtsgelehrtes Berufungsgericht noch viel heftigeren Widerstand finden würde als im früheren und daß es sich gegenüber dem Mißtrauen, das man nun einmal rein rechtsgelehrten Gerichten entgegenbringen zu müssen glaubt, nicht wird durchsetzen können. Man wird sich daher, um unfruchtbaren Streit zu vermeiden, gleich von vornherein zu einer schöffengerichtlich gestalteten Berufungsinstanz verstehen müssen. Für ihre Zusammensetzung sind schon verschiedene Möglichkeiten empfohlen worden: Zwei Richter, drei Schöffen; drei Richter, zwei Schöffen; drei Richter, vier Schöffen.

Drei Richter und vier Schöffen, dies wäre eine überflüssig starke Besetzung und eine Kräftevergeudung. Eine Besetzung mit zwei Schöffen gegenüber drei Richtern würde im Reichstag ohne Zweifel abgelehnt werden, da man eine Überstimmung der Schöffen durch die Berufsrichter auf alle Fälle wird vermeiden wollen. So bleibt nur die erste Möglichkeit. Sie birgt zwar die Gefahr in sich, daß bei wider-

1) Daß die Landgerichte überhaupt, auch in Zivilsachen, ausgeschaltet werden könnten, wie Volkmar in der Deutschen Juristenzeitung 1919, S. 218 ff. vorschlägt, halte ich nicht für möglich. Man kann nicht jeden noch so bedeutsamen und schwierigen Rechtsstreit jedem Einzelrichter anvertrauen.

sprechenden Ansichten der beiden Juristen in Rechtsfragen die Schöffen nicht wissen werden, wem sie sich anschließen sollen; aber diese Gefahr muß in den Kauf genommen werden. Vielleicht stellt sie sich in der Theorie größer dar als in der Praxis. Im militärgerichtlichen Verfahren vor dem Kriegsgericht in bestimmten Fällen, vor dem Oberkriegsgericht immer, stehen den Offizierrichtern ebenfalls zwei Berufsrichter gegenüber, und es ist mir weder in der Literatur noch in der Praxis bekannt geworden, daß sich daraus Unzuträglichkeiten bei der Rechtsprechung ergeben hätten. Übrigens hatte man in der Zeit vor dem 1. Oktober 1879 schon in zwei deutschen Staaten genau die gleiche Gerichtsbesetzung (zwei Richter, drei Schöffen), in Württemberg und in Hamburg (vgl. oben S. 37).

Gegenüber Urteilen des Schwurgerichts kommt eine Berufung nicht in Frage. Es ist zwar ein großer Mangel an Folgerichtigkeit, gegen Urteile über leichtere Straftaten Berufung zuzulassen, gegen solche über die schwersten Verbrechen aber nicht; allein mit der Gestaltung des schwurgerichtlichen Verfahrens ist die Zulassung einer Berufung nicht zu vereinigen. Wenn man glaubt, sich vom Schwurgericht nicht trennen zu können, so muß man eben die Folgen tragen.

In Norwegen, welches die Gliederung der ersten Instanz besitzt, die ich für Deutschland vorschlage, hat man die Möglichkeit, Urteile des Einzelrichters und des Schöffengerichtes anzufechten, anders geregelt. Nach § 400 der Norweg. Strafprozeßordnung „können Sachen, worin das Urteil vom Schöffen- oder Verhörsgericht gefällt ist, auf Antrag der Parteien zu erneuter Verhandlung vor das Schwurgericht gebracht werden". „Der Antrag auf erneute Verhandlung muß begründet werden durch eine Bestreitung dessen, was im Urteil rücksichtlich der Schuldfrage angenommen ist; doch darf er nicht ausschließlich darauf gestützt werden, daß das Gesetz unrichtig angewendet ist." (§ 401). Soll das Urteil aus einem andern Grund angefochten werden, also etwa wegen unrichtiger Anwendung des Gesetzes, dann ist Berufung an das Höchstgericht zulässig. §§ 378, 380, Abs. 2.

Für Deutschland ist die norwegische Einrichtung des Instanzenzuges ausgeschlossen. Wir können die Schwurgerichte unmöglich zu Berufungsgerichten machen, abgesehen von anderen Gründen deswegen nicht, weil bei den sicher sehr zahlreichen Berufungen die Schwurgerichte genötigt wären, ununterbrochen während des ganzen Jahres zu tagen. Dies würde zu einer unerträglichen Belastung des Laienelements führen und außerdem wäre die Besetzung der Berufungsinstanz mit 3 Richtern und 12 Geschworenen eine Vergeudung von Kräften.

2. Revisionsgerichte.

Wenn meinem Vorschlag entsprechend die Strafkammer als Gericht erster Instanz ausschiede, würde eine neue Vorschrift über den Instanzenzug notwendig werden. Man hat bisher im Interesse einheitlicher Rechtsprechung Gewicht darauf gelegt, daß die erstinstanzlichen Urteile der Strafkammern im Wege der Revision der Nachprüfung des Reichsgerichts zugeführt werden konnten. Wenn nun die Zuständigkeit der Strafkammer auf die Schöffengerichte übergeht, so könnten nach der bisherigen Einrichtung des Instanzenzuges diese neuen Schöffengerichtssachen mittels der Revision nur bis zum Oberlandesgericht gebracht werden. Dies ließe sich aber leicht ändern. Man braucht nur zu bestimmen, daß diejenigen Schöffengerichtsfälle, für welche man die Garantie einheitlicher Rechtsprechung nicht entbehren will, wenn sie die Berufungsinstanz durchlaufen haben, im Wege der Revision ans Reichsgericht geleitet werden. Ein Vorbild hierfür haben wir bereits in der Vorschrift des § 136 Abs. 2 des G. V. G., welche in Strafsachen wegen Zuwiderhandlungen gegen die Vorschriften über die Erhebung öffentlicher in die Reichskasse fließender Abgaben und Gefälle ebenfalls gegen Berufungsurteile der Strafkammern eine Revision ans Reichsgericht vorsieht. — Für die leichteren Schöffengerichtssachen und für die vom Einzelrichter abgeurteilten Fälle bliebe nach wie vor der Strafsenat des Oberlandsgerichts zuständig.

Die Besetzung der Revisionsinstanz könnte vereinfacht werden: Wenn die Strafsenate der Oberlandesgerichte mit drei, jene des Reichsgerichts mit fünf Mitgliedern besetzt würden, dürfte es genügen. Bisher war schon der Strafsenat des Oberlandesgerichts nicht stärker besetzt als für die Regel die Strafkammer des Landgerichts (5 Richter). Wird die Strafkammer künftig nur zwei rechtsgelehrte Richter zählen, so wird man, da es sich bei der Revision nur um Rechtsfragen handelt, die Richterzahl des Strafsenats am Oberlandesgericht auf drei heruntersetzen können und dementsprechend jene der reichsgerichtlichen Strafsenate auf fünf. In der ausländischen Gesetzgebung fehlt es hierfür nicht an Vorbildern: Der italienische corte d' appello und die holländischen Geregthoven urteilen in der Besetzung mit drei Richtern, die höchsten Gerichtshöfe von Italien, Holland, Ungarn in der Besetzung mit fünf Richtern, und nach den österreichischen Entwürfen soll der oberste Gerichtshof, statt wie bisher mit sieben, künftig auch nur in der Besetzung mit fünf Richtern entscheiden.

3. Beschwerdegerichte und Beschlußkammer.

Als Beschwerdegericht gegenüber den Beschlüssen und Verfügungen des Amtsrichters, des Untersuchungsrichters und des Schöffengerichts, ferner als beschließendes Gericht zur Vorbereitung der Schwurgerichtssachen hätte, wenn man sich zur vorgeschlagenen Dreigliederung der ersten Instanz entschlösse, die bisherige beschließende Strafkammer in der Besetzung mit drei Berufsrichtern zu dienen. Wenn es die Geschäftsbelastung der Berufungskammer erlaubt, steht nichts im Wege, daß ihre richterlichen Mitglieder auch der beschließenden Strafkammer angehören.

Beschwerdeinstanz am Oberlandesgericht bliebe nach wie vor der Strafsenat, am Reichsgericht wie bisher der erste Strafsenat.

II. Gerichtsstände.

1. Das geltende deutsche Recht.

Als ordentliche allgemeine Gerichtsstände, die frei miteinander konkurrieren, kennt unsere Strafprozeßordnung nur den Gerichtsstand des Tatortes und des Wohnsitzes. Beim

Fehlen eines Wohnsitzes konkurriert mit dem Gerichtsstand des Tatortes jener des gewöhnlichen Aufenthaltsortes und, wenn auch dieser fehlt, jener des letzten Wohnsitzes. Versagen alle diese Gerichtsstände, dann kommt (subsidiär) der Gerichtsstand der Ergreifung in Betracht. Ergreifung bedeutet „Freiheitsentziehung zum Zweck der Strafverfolgung"[1]). „Ob sie vom Gericht oder der Polizei oder einem Privaten vorgenommen wird, ist gleichgültig." Sie kann eine vorläufige Festnahme wie eine Verhaftung sein. — Einen Gerichtsstand der Vereinbarung gibt es nicht. Nur hat der Angeschuldigte die Möglichkeit, auf den Einwand der örtlichen Unzuständigkeit zu verzichten und so nach dem Muster des Zivilprozesses durch Stillschweigen ein unzuständiges Gericht zuständig zu machen. § 16 St. P. O. — Die übrigen Gerichtsstände: Gerichtsstand des Zusammenhangs, des Auftrages, der Bestimmung können hier außer Betracht bleiben, da sie zu Erörterungen weniger Anlaß gegeben haben.

II. Das ausländische Recht.

Alle fremden Rechte kennen in erster Linie den Gerichtsstand der begangenen Tat[2]). Mit diesem konkurriert nach einigen Rechten frei der Gerichtsstand des Wohnsitzes, so nach französischem und belgischem (§§ 23, 63), auch nach niederländischem Recht (§ 24 Entwurf von 1913 Art. 4). Andere Rechte stellen ihn dem Gerichtsstand der begangenen Tat nicht ganz gleich. Österreich (§ 52) erklärt das Gericht des

1) Rosenfeld, Der Reichsstrafprozeß, 3. Aufl. 1909. S. 68 Ziff. IV, Abs. 2.

2) Vgl. z. B. Österreichische Str. P. O. von 1873 § 51. Ebenso der neue Entwurf § 51. Ungarische Str. P. O. von 1896 § 16. Norwegische Str. P. O. von 1887 § 136, Niederländisches Wetboek van Strafvordering von 1886 § 24 und Niederländischer Entwurf von 1913, Art. 4, Französischer und Belgischer Code d' instruction criminelle § 23, England, Mitteilung von Heinrich Gerland in Jena, Zürich Gesetz betr. den Strafprozeß (Strafprozeßordnung) von 1919 § 1, Italienische Str. P. O. von 1913 § 18, Japanische Str. P. O. von 1890 § 26.

Wohnsitzes nur dann für zuständig, wenn ihm nicht das Gericht der begangenen Tat zuvorgekommen ist. Auch muß auf Verlangen eines Beteiligten die Sache vom Gericht des Wohnsitzes an jenes der begangenen Tat abgegeben werden. Der Entwurf ändert hieran nichts. In wesentlich gleicher Weise ist das Verhältnis der beiden Gerichtsstände in der ungarischen Strafprozeßordnung (§ 17) geregelt. In Zürich ist das forum domicilii ausdrücklich als subsidiär erklärt (§ 2). In Norwegen (§ 136 Abs. 2) und Schwyz (§ 8 Abs. 2) kommt das Gericht des Wohnsitzes überhaupt nur für den Fall in Betracht, daß die Tat im Ausland oder auf hoher See (Norwegen) oder im Ausland oder in einem fremden Kanton (Schwyz) begangen worden ist. In Italien (§ 19 Abs. 3) steht das Gericht des Wohnsitzes in einem noch viel entfernteren Subsidiaritätsverhältnis zu jenem der begangenen Tat. Wieder andere Gesetzgebungen sprechen von forum domicilii überhaupt nicht.

Den Gerichtsstand des Aufenthalts stellt Japan (§ 26) vollkommen gleich jenem der begangenen Tat; ebenso der niederländische Entwurf Art. 4[1]) Österreich (§ 52), Ungarn (§ 17), Zürich (§ 2), Italien (§ 19 Abs. 3) behandeln ihn genau so wie das forum domicilii.

Für den hier verfolgten Zweck interessiert vor allem der Gerichtsstand der Ergreifung. In Frankreich, Belgien und den Niederlanden kann der Staatsanwalt nach freier Wahl bei dem Gericht der Ergreifung ebensowohl Klage erheben wie bei jenem der begangenen Tat oder des Wohnsitzes. Frankreich und Belgien (§§ 23 u. 63) sprechen von dem „lieu, où le prévenu pourra être trouvé“. Garraud bezeichnet in seinem Précis de droit criminel, 8. édition 1903 S. 604 diesen Ort als „le lieu de capture (forum deprehensionis)“. Das niederländische Wetboek van Strafvordering nennt als verfolgungsberechtigt in § 24 die Staatsanwaltschaft „van het arrondissement waarin de ver-

1) Art, 4: „Von den Arrondissements-Gerichten sind gleichmäßig zuständig . . . . . diejenigen, in deren Bezirk der Verdächtige sich befindet, ferner diejenigen, in deren Bezirk der Verdächtige seinen letzten bekannten Aufenthaltsort gehabt hat.“

dachte wordt gevonden". Ein Unterschied zwischen bloßer Ergreifung (vorläufiger Festnahme) und Verhaftung im eigentlichen Sinn ist nicht gemacht. In Österreich (§ 52) wird das Gericht, „in dessen Sprengel der Beschuldigte betreten wird" geradeso wie jenes des Wohnsitzes und des Aufenthaltes für den Fall als zuständig erklärt, daß nicht das Gericht der begangenen Tat ihm zuvorgekommen ist. Auf Verlangen eines Beteiligten (Staatsanwalt, Privatkläger, Beschuldigter) muß aber das forum deprehensionis die Sache an das forum delicti commissi abgeben. Von einem Unterschied zwischen Ergreifung und Verhaftung findet sich auch hier nichts. Ungarn (§ 25) kennt den Gerichtstand der Ergreifung nur bei Auslandsdelikten und auch hier nur als subsidiären gegenüber dem Wohn- oder Aufenthaltsort. Es spricht in diesem Fall von jenem Gericht, „auf dessen Gebiet der Beschuldigte in die Gewalt der ungarischen Behörde gelangt ist"; ob dies durch vorläufige Festnahme oder Verhaftung oder Selbstgestellung geschehen ist, macht keinen Unterschied. — In Norwegen (§ 137) „kann die Sache dort verfolgt werden, wo der Angeklagte ergriffen wurde", wenn sich ein Gerichtsstand der begangenen Tat oder des Wohnsitzes usw. im Reiche nicht nachweisen läßt, oder wenn „die Verfolgung vor einem derselben größere Erschwerung für den Angeklagten oder Zeugen, oder aber bedeutende Verzögerung oder erhöhte Kosten nach sich ziehen würde". — In England ist bei Delikten, die auf einem englischen Schiff auf hoher See begangen sind, jedes Gericht zuständig, in dessen Bezirk der Täter ergriffen ist oder in Haft gehalten wird. War der Täter bei der Tat bereits vorläufig festgenommen, so ist jenes Gericht zuständig, in dessen Bezirk das Schiff mit dem festgenommenen Täter zuerst landet[1]). Von einer Subsidiarität des Gerichtsstandes der Ergreifung ist hier nicht die Rede. — In Italien (§ 19) kommt der Gerichtsstand der Ergreifung (judice dell' arresto) erst in Betracht, wenn das forum delicti commissi versagt und auch eine

1) Mitteilung von Heinrich Gerland in Jena.

andere Gerichtsbehörde noch keine Verfahrenshandlung vorgenommen hat. — Nach der Züricher St.P.O. von 1919 sind ebenfalls die Behörden des Ortes, „an welchem der Angeschuldigte zur Haft gebracht wurde", erst zuständig, wenn der Begehungsort außerhalb des Kantons liegt oder ungewiß ist. (§ 2.) — Im allgemeinen ist hiernach der Gerichtstand der Ergreifung den anderen Gerichtsständen bald völlig gleichgestellt bald nur subsidiär.

Über einen Gerichtsstand der Vereinbarung habe ich nur in der Norwegischen Strafprozeßordnung § 141 eine ausdrückliche Bestimmung finden können. Es heißt dort: „Mit Einwilligung der Gegenpartei kann von den Gerichtsstandsvorschriften abgewichen werden. Stellt sich der Angeklagte, so prüft das Gericht nicht von Amtswegen, inwiefern die Sache vor das richtige Gericht gebracht ist." — Ein stillschweigender Verzicht auf die Rüge der örtlichen Unzuständigkeit, ähnlich wie im Deutschen Recht, findet sich natürlich auch in ausländischen Prozeßgesetzen.

III. Vorschläge für das künftige deutsche Recht.

1. Gerichtsstand des Tatortes und des Wohnsitzes.

Es bedarf keiner Erörterung der Frage, ob die Gerichtstände des Tatortes und des Wohnsitzes als frei konkurrierende beibehalten werden sollen. Ein Bedürfnis, hierin eine Änderung eintreten zu lassen, hat sich nicht gezeigt und ist bei den bisherigen Vorarbeiten zur Strafprozeßreform auch von niemand behauptet worden. Zweifel sind nur darüber entstanden, ob der Gerichtsstand des Aufenthalts und des Ergreifungsortes den beiden genannten Gerichtsständen gleichgestellt und wie der Begriff der „Ergreifung" gefaßt werden solle, ferner ob eine Vereinbarung des Gerichtsstandes zuzulassen sei [1]).

1) Vgl. hierüber die „Protokolle der Kommission für die Reform des Strafprozeßes" 1. Bd. S. 10—14, 2. Bd. S. 199 u. 200. Ferner den Entwurf einer Str. P. O., Reichstagsvorlage, bezw. Begründung hiezu S. 56—61, dann Bericht der Reichstagskommission, Drucksachen

Bei Behandlung dieser Fragen hat man sich als Ziel vor Augen zu halten, daß bei möglichster Wahrung der Interessen des Angeschuldigten und möglichster Einfachheit der gesetzlichen Bestimmungen jede strafbare Handlung ohne unnötige Verzögerung und ohne Verursachung überflüssiger Kosten der Aburteilung durch ein zuständiges Gericht zugeführt werde.

2. Gerichtsstand des gewöhnlichen Aufenthalts.

Von dem angegebenen Gesichtspunkt aus kann der Absicht des deutschen Entwurfs (§ 2), den gewöhnlichen Aufenthalt dem Wohnsitz gleichzustellen, ein begründetes Bedenken nicht entgegenstehen. Es kommt nicht selten vor, daß jemand an dem einen Orte wohnt, während er seinen Wohnsitz im Rechtssinn an einem andern Ort hat, z. B. eine von ihrem Manne nicht geschiedene, aber tatsächlich getrennt lebende Ehefrau. In solchen Fällen sprechen die Gründe, welche sonst eine Aburteilung am Gerichte des Wohnsitzes erwünscht erscheinen lassen, nicht für den „Wohnsitz", sondern für den gewöhnlichen Aufenthaltsort. Hier befindet sich der Angeschuldigte und das Beweismaterial, und dem Angeschuldigten wird mit einer Verhandlung beim Gerichte des Wohnsitzes in der Regel ebensowenig gedient sein wie dem strafberechtigten Staat[1]). Es können auch im Einzelfall Zweifel darüber entstehen, ob jemand an einem bestimmten Ort seinen Wohnsitz oder nur seinen gewöhnlichen Aufenthalt habe. Sind beide Orte gleichgestellt, so braucht über diese zivilrechtliche Frage im Strafprozeß nicht gestritten und entschieden zu werden; das eine wie das andere Gericht ist zur Aburteilung gleicherweise zuständig. Daß einzelne fremde Rechte, wie das französische, belgische, niederländische, den Gerichtsstand des gewöhnlichen Aufenthaltsortes überhaupt nicht kennen,

---

Nr. 638 (12. Legisl. Pr.) 1. Teil S. 92—98. Auch Aschrott, Reform des Strafprozesses, Berlin 1906 S. 120/121 u. 144/145 (Abhandlungen von Honemann und Graf zu Dohna).

2) Vgl. hierzu Begründung zur Reichstagsvorlage des Entwurfs S. 57.

andere ihn dem Gerichtsstand des Wohnsitzes nachstellen, braucht uns von anderer Regelung nicht abzuhalten, wenn wir diese als zweckmäßig erkennen. Bei den Vorarbeiten zu einer neuen Strafprozeßordnung sind auch ernsthafte Einwände gegen eine Gleichstellung beider Gerichtsstände nicht erhoben worden.

3. Gerichtsstand der Ergreifung.

Zu erheblicheren Bedenken hat die Frage des Gerichtsstandes der Ergreifung Veranlassung gegeben. Der Entwurf zu einer neuen Strafprozeßordnung (§ 3) hat ihn aus der Stellung eines subsidiären Gerichtsstandes herausgehoben, um ihn den drei anderen frei miteinander konkurrierenden Gerichtsständen des Begehungsortes, des Wohnsitzes, des gewöhnlichen Aufenthaltes, gleichzustellen. Gegenüber dem bisherigen Wortlaut in § 9 Abs. 1 St. P. O.[1]) wurde die Bestimmung folgendermaßen gefaßt: „Zuständig ist ferner das Gericht, in dessen Bezirke der Verdächtige ergriffen oder dem ein vorläufig Festgenommener vorgeführt wird.“ Unter der „Ergreifung“ soll nach der Begründung zu § 3 die Festnahme auf Grund eines Haftbefehls oder Steckbriefs zu verstehen und es soll in diesem Fall der Gerichtsstand, wie bisher nach § 9 Abs. 1 St. P. O., bei dem Gerichte begründet sein, in dessen Bezirk der Beschuldigte ergriffen wird. Dagegen soll es bei einer vorläufigen Festnahme darauf ankommen, welchem Gericht der Festgenommene vorgeführt wird. Dies kann, da es sich hier um vorläufige Festnahme vor Klageerhebung handelt, ein anderer Amtsrichter sein als jener, in dessen Bezirk die Festnahme erfolgte, da die Vorführung vor den nächsten d. h. den am schnellsten und leichtesten erreichbaren Amtsrichter zu erfolgen hat. (§ 129 des Entwurfs.)

a) Für die Vermehrung der ordentlichen allgemeinen Gerichtsstände um jenen der Ergreifung spricht der Umstand, daß bisher beim Mangel eines primären Gerichtsstands der Ergreifung der Ergriffene nicht selten unter erheblichem

1) „ . . . so ist dasjenige Gericht zuständig, in dessen Bezirk die Ergreifung erfolgt.“

Kostenaufwand und großem Zeitverlust an das weit entfernte Gericht des Tatorts oder des Wohnsitzes überführt werden mußte, obwohl nach Lage des Falls (erschöpfendes Geständnis des Angeschuldigten) die Verurteilung sehr leicht beim Gericht des Ergreifungsortes hätte stattfinden können [1]). Es mag sich ja im einzelnen Fall nachträglich herausstellen, daß die Aburteilung beim Gerichte des Tatortes oder Wohnsitzes oder gewöhnlichen Aufenthaltsortes zweckmäßiger ist, etwa weil eingehendere Beweiserhebungen an Ort und Stelle notwendig werden; dann bleibt immer noch die Möglichkeit, die Sache vor jenes Gericht zu bringen auf Grund eines neuen von der Reichstagskommission vorgeschlagenen § 12: „Solange noch kein Urteil verkündet ist, kann das Gericht, bei dem die Sache anhängig ist, unter Zustimmung der Prozeßbeteiligten mit einem anderen Gerichte vereinbaren, daß dieses die Sache übernimmt, wenn sie zur Zeit der Vereinbarung bei diesem Gerichte hätte anhängig gemacht werden können“. Außerdem wird jeder Staatsanwalt von vornherein vernünftig genug sein, die Klageerhebung beim Gerichtsstand der Ergreifung zu unterlassen, wenn er sieht, daß ein zureichendes Material zur Beurteilung von Tat und Täter nur beim Gericht des Begehungsortes oder des Wohnsitzes zu haben sein wird.

Man hat der Besorgnis Ausdruck gegeben, daß durch eine Vermehrung der der Staatsanwaltschaft zur Auswahl frei stehenden Gerichtsstände diese Behörde in den Verdacht kommen könnte, ihre Auswahl mit Rücksicht auf die leichtere Verurteilung zu treffen, besonders bei Preßdelikten, für die in einzelnen Bundesstaaten die Schwurgerichte, in andern die Strafkammern zuständig seien. Es gewinnt allmählich den Anschein, als ob in Deutschland die Staatsanwaltschaft die strafgierigste und vertrauensunwürdigste Behörde sei oder als ob sie wenigstens auf alle erdenkliche Weise vor dem Verdacht, dies zu sein, behütet werden müsse. Wenn irgendwo eine Bestimmung vorgeschlagen wird, die mit der Tätigkeit der Staatsanwaltschaft in irgendeinem Zusammen-

1) A. a. O. S. 57.

hang steht, dann kann man sicher sein, daß sofort das Bedenken auftaucht: Könnte die Staatsanwaltschaft nicht vielleicht mit dieser Bestimmung Mißbrauch treiben oder könnte sie nicht in den Verdacht kommen dies zu tun? Ich denke, man hat zunächst zu fragen, ob eine Vorschrift für die Rechtspflege zweckmäßig ist, und im Bejahungsfall sie einzuführen im Vertrauen darauf, daß unsere Behörden der Strafverfolgung aus Männern bestehen, denen es um die Wahrung der Gerechtigkeit zu tun ist, nicht aber darum, unter allen Umständen den bloß Verdächtigen auch verurteilt zu sehen. In den Ländern des französischen Rechts hat man seit einem Jahrhundert der Staatsanwaltschaft die freie Wahl zwischen den Gerichtsständen des Tatortes, des Wohnsitzes und des Ortes der Ergreifung gelassen, ohne daß daraus die Mißstände sich entwickelt hätten, die man in Deutschland so ängstlich zu verhüten sich bestrebt.

b) Die näheren Voraussetzungen des Gerichtsstandes der Ergreifung hat die Regierungsvorlage anders gefaßt als die geltende Strafprozeßordnung. Sie will unterscheiden, ob ein Verdächtiger verhaftet oder nur vorläufig festgenommen und vorgeführt wird. Das Wort „verhaftet" vermeidet sie aber und sagt dafür „ergriffen". Man kann dann nur aus der Begründung entnehmen, daß dies eine Ergreifung auf Grund eines Haftbefehls oder eines Steckbriefs sein soll. Schon wegen dieser Unklarheit der Ausdrucksweise bedurfte die betreffende Vorschrift einer Änderung. Die Reichstagskommission hat denn auch eine solche vorgenommen, einmal weil bei einem Gerichtsstand der Vorführung die Begründung dieses Gerichtsstandes bis zu einem gewissen Grad in die Hände der Polizei gegeben sei; denn es unterliege oft deren Belieben, welchem Amtsgericht sie den Festgenommenen zuführen wolle (§ 129 des Entwurfs); außerdem vereinfache man das Gesetz, wenn man statt der zwei Gerichtsstände der Verhaftung und der Vorführung nur den einen der Verhaftung schaffe. So bestimmte man denn: „§ 3. Zuständig ist ferner das Gericht, in dessen Bezirke der Beschuldigte verhaftet wird". Bei der zweiten Lesung erkannte man aber, daß es bei dieser Fassung der Vorschrift an einem Gerichtsstand für Auslandstaten fehle, wenn weder ein Haftgrund vorliege noch auch ein Gerichtsstand des Wohnsitzes oder Aufenthalts im Sinne des § 2 gegeben sei. Infolgedessen beschloß man, für Auslandstaten doch wieder den Gerichtsstand der Ergreifung einzuführen und dem soeben angegebenen Abs. 1 des § 3 einen Absatz 2 anzufügen: „Ist die Tat im Ausland begangen, so ist das Gericht zuständig, in dessen Bezirke der Verdächtige ergriffen wird". Mit der Fassung, welche die Reichstagskommission dem § 3 gegeben hat, sind nun wieder die gleichen Mängel verbunden, wegen deren man den § 3 des Regierungsentwurfs mißbilligte. Auch hier liegt es letzten Endes in den Händen der Polizei, welches Gericht sie zuständig machen will; denn einen Haftbefehl wird eben derjenige Amtsrichter erlassen, welchem die Polizei den vorläufig Festgenommenen vorführt. Und die Vereinfachung des Gesetzes ist ebenfalls wieder preisgegeben, wenn man neben den Gerichtstand der Verhaftung jenen der Ergreifung setzt.

Ich sehe überhaupt keinen durchschlagenden Grund, an dem bisherigen Begriff der Ergreifung etwas zu ändern. Anlaß, die Ergreifung zu zerlegen in eine Verhaftung und in eine Vorführung auf Grund vorläufiger Festnahme, gab anscheinend nur der Umstand, daß nach dem Entwurf (§ 129) der Ergriffene manchmal nicht dem Amtsrichter des Ergreifungsortes, sondern einem schneller erreichbaren anderen Amtsrichter zuzuführen ist, daß durch die Ergreifung dann aber nicht die Zuständigkeit dieses Amtsrichters oder seines vorgesetzten Gerichts begründet werden kann, sondern die Sache zurückgeleitet werden muß an die Gerichte, in deren Bezirk die Ergreifung erfolgte. Das sind aber wohl höchst seltene Fälle, und wenn sie sich ereignen, so liegt darin für niemanden ein Schaden. Die Vorführung hat ja weiter keinen Zweck, als möglichst bald die Entscheidung eines Richters über die Rechtmäßigkeit der Ergreifung herbeizuführen. Ob dies der Richter ist, der seinerzeit in der Sache selbst entscheiden wird, oder ein anderer, ist ohne sonderliche Bedeutung. In vielen Fällen wird ohnehin in der Sache selbst ein Gericht höherer Ordnung zu urteilen haben.

Man möge es also ruhig dabei belassen, daß für das Gericht, in dessen Bezirk die Ergreifung erfolgte, mag sie sich als vorläufige Festnahme oder als Ergreifung auf Grund Haftbefehls oder Steckbriefs darstellen, eine Zuständigkeit begründet wird. Auch kann die gesetzliche Bestimmung hierbei auf die einfachste Form gebracht werden. Sie wird lauten können: „Zuständig ist ferner das Gericht, in dessen Bezirk der Beschuldigte ergriffen wurde". Wenn im Ausland die einheitliche Fassung des Begriffs der Ergreifung nicht zu Unzuträglichkeiten geführt hat, werden für Deutschland solche auch nicht zu befürchten sein.

4. Gerichtsstand des vorübergehenden Aufenthalts.

Der Entwurf zu einer Strafprozeßordnung hat (§ 4) auch einen Gerichtsstand des vorübergehenden Aufenthalts vorgesehen, der mit den bisher genannten Gerichtsständen auf gleicher Stufe stehen und nicht bloß subsidiäre Bedeutung haben soll[1]). Es vermischt sich mit ihm der Gedanke einer Vereinbarung des Gerichtsstandes, insoferne als der Gerichtsstand des vorübergehenden Aufenthalts nur platzgreifen soll, wenn der Beschuldigte der Erhebung der Klage in diesem Gerichtsstand nicht widerspricht. Die Reichstagskommission hat den Gesichtspunkt der Vereinbarung noch schärfer betont: Das Gericht des vorübergehenden Aufenthalts soll nur dann zuständig sein, „wenn der Beschuldigte sich mit diesem Gerichtsstand ausdrücklich einverstanden erklärt."

Die Gründe, welche für die Einführung eines primären Gerichtsstandes des vorübergehenden Aufenthalts bestimmend waren, sind folgende: Der Gerichtsstand der Ergreifung werde, abgesehen von Bettlern und Landstreichern, künftig nur noch für Personen in Betracht kommen, die einer verhältnismäßig schweren Straftat verdächtig seien; denn die Voraussetzungen für die Verhängung der Untersuchungshaft würden eng be-

1) § 4. „Zuständig ist endlich das Gericht, in dessen Bezirk sich der Angeschuldigte zur Zeit der Erhebung der Klage vorübergehend aufhält. Der Erhebung der Klage in diesem Gerichtsstand kann der Angeschuldigte widersprechen."

grenzt und die vorläufige Festnahme solle, von der Ergreifung auf frischer Tat abgesehen, nur unter den gleichen Voraussetzungen zulässig sein wie die Verhaftung. Schon mit Rücksicht hierauf erscheine es geboten, auch das Gericht für zuständig zu erklären, in dessen Bezirk sich der Angeschuldigte zur Zeit der Klageerhebung nur vorübergehend aufhalte. Dieser Gerichtsstand sei besonders für Fälle erwünscht, in denen es sich um Personen handle, die nach ihrem Beruf den Aufenthaltsort beständig wechseln und dem Orte ihres Wohnsitzes, soferne sie einen solchen überhaupt besitzen, lange Zeit hindurch fernbleiben. In solchen Fällen habe meistens der Angeschuldigte selbst ein begründetes Interesse daran, daß das Strafverfahren an dem Orte durchgeführt werde, wo er sich gerade befinde [1]). Zugleich werde durch Einräumung eines Widerspruchsrechtes dafür gesorgt, daß nicht der Angeschuldigte an einem Orte, an dem er sich nur vorübergehend aufzuhalten gedachte, wider seinen Willen durch das Strafverfahren längere Zeit festgehalten werde.

5. Gerichtsstand der Vereinbarung.

Die Schaffung eines primären Gerichtsstandes des vorübergehenden Aufenthalts entspricht sicher einem praktischen Bedürfnis. Aber man sollte noch einen Schritt weiter gehen und einen Grundsatz ausdrücklich aufstellen, der implicite schon in dem § 4 des Entwurfs und noch deutlicher in § 4 der Beschlüsse der Reichstagskommission enthalten ist, einen Grundsatz, der auch bei den Beratungen der Reichstagskommission (1. Teil S. 93 Antrag 7) ausgesprochen worden ist, nämlich den Grundsatz der Zulässigkeit der Vereinbarung des Gerichtsstandes. Der § 4 sollte nach dem eben erwähnten Antrag 7 lauten: „Zuständig ist endlich jedes Gericht, wenn der Angeschuldigte der Zuständigkeit zugestimmt hat". Im wesentlichen ist dies dieselbe Bestimmung, die sich schon in § 141 der norwegischen Strafprozeßordnung findet. Vgl. oben S. 78.

Der Haupteinwand, den man gegen die Zulassung der Vereinbarung des Gerichtsstandes in den Verhandlungen der

1) Begründung zur Reichtagsvorlage des Entwurfs S. 58.

Reichstagskommission vorbrachte, war, daß ein Paktieren mit dem Verdächtigen vor Erhebung der Klage nicht der Stellung der Staatsanwaltschaft entspreche, und — nun wiederholt sich das übliche Bedenken —, die Staatsanwaltschaft werde bei Ausübung des Rechtes der Vereinbarung leicht dem Vorwurfe ausgesetzt sein, daß sie sich dabei von nicht in der Sache liegenden Rücksichten habe leiten lassen. Allein das Paktieren zwischen Staatsanwalt und Angeschuldigtem ist auch schon möglich bei der Fassung des § 4 des Regierungsentwurfs wie bei der Fassung, welche die Reichstagskommission dem § 4 gegeben hat, bei der ersten versteckt, bei der zweiten ganz offen: Im ersten Fall begibt sich der Angeschuldigte in den Bezirk irgend eines Gerichts, der Staatsanwalt klagt dort, und der Angeschuldigte widerspricht nicht. Im zweiten Fall begibt sich der Angeschuldigte ebenfalls in den Bezirk des gewünschten Gerichts, der Staatsanwalt fragt ihn, ob er sich dort anklagen lassen wolle, und der Angeklagte erklärt sich mit diesem Gerichtsstand ausdrücklich einverstanden. Was ist dies anderes als eine Vereinbarung des Gerichtsstandes? Wenn man schon so weit gegangen ist, dann verstehe ich nicht, warum man sich scheut, durch eine ausdrückliche Vorschrift den Gerichtsstand der Vereinbarung zuzulassen. Aus Besorgnis, die Staatsanwaltschaft möge unbegründetem Verdacht ausgesetzt sein? Bei dem Mißtrauen, das ihr anscheinend so vielfach entgegengebracht wird, hütet sie sich vermutlich doppelt, durch irgendwelche nicht in der Sache liegende Gründe sich zu einer Vereinbarung des Gerichtsstandes bestimmen zu lassen. Ein Schaden wird dann aus der Zulassung der Vereinbarung kaum entstehen. Sie würde nur eine Vereinfachung der gesetzlichen Vorschrift bedeuten, besonders der kasuistischen Bestimmung des Entwurfs über das Widerspruchsrecht des Angeschuldigten, der nicht vom Gericht des vorübergehenden Aufenthalts abgeurteilt sein will.[1])

1) § 4 des Entwurfs: „Zuständig ist endlich das Gericht, in dessen Bezirke sich der Angeschuldigte zur Zeit der Erhebung der Klage vorübergehend aufhält. — Der Erhebung der Klage in diesem Gerichtsstande kann der Angeschuldigte widersprechen; der Widerspruch ist,

III. Ausschließung und Ablehnung von Richtern.

I. Vorbemerkung.

Es handelt sich nier nicht um eine vergleichende Darstellung und Prüfung des gesamten Rechts der Ausschließung und Ablehnung, sondern nur um Erörterung einzelner Punkte, bei denen sich Mißstände und Zweifel ergeben haben. Es sind die folgenden:

1. Sollen Richter, die bei einer im Wege der Wiederaufnahme angefochtenen Entscheidung mitgewirkt haben, von der Ausübung des Richteramts sowohl bei der Beschlußfassung über die Wiederaufnahme wie in der erneuerten Hauptverhandlung ausgeschlossen sein?

2. Soll eine verspätete Ablehnung noch zugelassen werden, wenn der Ablehnungsgrund erst nachträglich entstanden oder dem Ablehnenden erst nachträglich bekannt geworden ist?

3. Soll der Beschluß, welcher die Ablehnung als unzulässig oder als unbegründet zurückweist, anfechtbar sein? Sollen bejahenden Falls bei der Anfechtung neue Ablehnungsgründe vorgebracht werden dürfen? Soll gegen den anzufechtenden Beschluß, wenn er außerhalb der Hauptverhandlung erging, stets sofortige Beschwerde zulässig sein?

II. Das geltende deutsche Recht.

1. Durch die Reichsstrafprozeßordnung ist ein Richter, der bei der angefochtenen Entscheidung mitgewirkt hat, weder von der Beschlußfassung über die Wiederaufnahme noch von der Teilnahme an der erneuten Hauptverhandlung ausgeschlossen.

---

falls eine Voruntersuchung stattfindet, spätetens drei Tage nach der ersten Vernehmung, andernfalls spätestens drei Tage nach Zustellung der Ladung zur Hauptverhandlung erster Instanz oder, wenn die Hauptverhandlung vor Ablauf der Frist stattfindet, bis zur Verlesung der Anklageformel geltend zu machen. Hierauf soll der Angeschuldigte hingewiesen werden. — Wird rechtzeitig widersprochen, so verliert das Gericht die Zuständigkeit.“

2. Eine Ablehnung nach den in § 25 Str. P. O. angegebenen Zeitpunkten ist auch dann nicht mehr zulässig, wenn die Ablehnungsgründe erst später entstanden oder dem Ablehnenden erst später bekannt geworden sind [1]). Nur könnte unter Umständen die verspätete Anbringung eines Ablehnungsgesuchs Anlaß dazu werden, daß nach § 30 Str. P. O. das Gericht von Amtswegen einen Richter als ausgeschlossen erklärt.

3. Wenn ein Ablehnungsgesuch als unbegründet zurückgewiesen wird, so ist zu unterscheiden, ob es gegen einen erkennenden oder einen anderen Richter angebracht war. Im ersten Fall kann der abweisende Beschluß nur zusammen mit dem Urteil, also nur im Wege der Berufung oder Revision angefochten werden. Im zweiten Fall ist sofortige Beschwerde zulässig. § 28 Str. P. O.

Über den Fall, daß ein Ablehnungsgesuch als unzulässig z. B. wegen verspäteter Anbringung abgewiesen wird, sagt die Prozeßordnung ausdrücklich überhaupt nichts; ebensowenig die Lehrbücher und Kommentare. Nach § 346 Str. P. O. muß der abweisende Beschluß anfechtbar sein, da er nicht ausdrücklich der Anfechtung entzogen ist. Nur muß ebenfalls wieder unterschieden werden, ob das Gesuch gegen einen erkennenden oder einen andern Richter gerichtet war. Im ersten Fall kann der Beschluß nur zusammen mit dem Urteil angefochten werden (§ 347), im zweiten mit der gewöhnlichen Beschwerde. Ausgeschlossen ist die Anfechtung, wenn der Beschluß vom Oberlandesgericht oder vom Reichsgericht erlassen ist.

Da die Strafprozeßordnung über die Begründung der Beschwerden überhaupt keine Vorschriften, also auch keine beschränkenden gibt, ist das Vorbringen neuer Tatsachen und Beweismittel nicht ausgeschlossen. Ebenso ist das beneficium novorum gegeben im Fall der Berufung, nicht aber dann, wenn der abweisende Beschluß im Wege der

1) Im Gegensatz hierzu gestattet die Zivilprozeßordnung § 44 Abs. 4 eine nachträgliche Ablehnung, wenn glaubhaft gemacht wird, daß der Ablehnungsgrund erst später entstanden oder der Partei bekannt geworden ist.

Revision angefochten wird. Bei Anfechtung mit Berufung wird es aber zweifelhaft sein, ob die neue Tatsache nur eine solche sein darf, die schon vor der Verlesung des Eröffnungsbeschlusses (§ 25) vorhanden, aber nicht zur Begründung des Ablehnungsgesuchs geltend gemacht war, oder auch eine solche, die erst später entstanden ist, die also etwa im Verhalten eines Richters in der Hauptverhandlung liegt. Ich nehme das letztere an. Natürlich könnte nicht im Wege der Berufung wegen der in der Verhandlung zu Tage getretenen Tatsache erst das Ablehnungsgesuch angebracht werden; dem stände die Bestimmung des § 25 entgegen. Aber es kann die in dem rechtzeitig angebrachten Gesuch geltend gemachte Besorgnis der Befangenheit durch einen weiteren Umstand begründet werden. Der Gesuchsteller sagt etwa: Daß meine Besorgnis der Befangenheit nicht unbegründet war, ergibt sich noch daraus, daß der betreffende Richter sogar in der Hauptverhandlung in dieser oder jener Weise gegen mich vorgegangen ist.

III. Das ausländische Recht.

1. Die Ausschließung des Vorrichters im Wiederaufnahmeverfahren.

Bei der Beschlußfassung über die Zulassung der Wiederaufnahme kann in einer Reihe fremder Staaten ein Richter, der bei dem angefochtenen Urteil mitgewirkt hat, in der Regel schon deswegen nicht beteiligt sein, weil diese Beschlußfassung einem andern und zwar höheren Gericht übertragen ist. In Frankreich (Art. 444), Belgien (Art. 444) und Italien (§ 540) ist dies der Kassationshof, in Japan (§§ 305, 306) das Revisionsgericht, in den Niederlanden (§ 376, Entwurf Art. 433) der hohe Rat, in Zürich (St.P.O. von 1919 § 439) das Obergericht. Es ist freilich möglich, daß der betreffende Richter inzwischen Mitglied des Kassationshofes usw. geworden ist; ich konnte aber nicht feststellen, daß er in diesem Fall von der Beschlußfassung über die Zulassung der Wiederaufnahme ausgeschlossen wäre. Ungarn bestimmt ausdrücklich, daß ein Richter, der an der angefochtenen Entscheidung beteiligt war, „nach Möglichkeit" nicht als Mitglied des beschließenden Senats verwendet werden soll. Österreich (§ 357) und Norwegen (§ 416) lassen wie Deutschland über die Zulässigkeit der Wiederaufnahme das Gericht entscheiden, das ursprünglich in der Sache in der ersten Instanz erkannt hatte.

Was die Ausschließung des früher mit der Sache befaßten Richters bei der erneuerten Hauptverhandlung anbelangt, so finde ich in der Gesetzgebung verschiedener Staaten eine ausdrückliche Bestimmung darüber nicht; es ergibt sich aber aus der Verweisung der Sache an das ursprüngliche Gericht, daß die Mitglieder desselben in der neuen Verhandlung nicht vom Richteramt ausgeschlossen sein sollen, so z. B. in Österreich (§§ 357 ff.), Zürich (St.P.O. von 1919 § 454). Dagegen ist in mehreren andern Staaten vorgeschrieben, daß die neue Hauptverhandlung überhaupt vor einem andern als dem ursprünglichen Gericht stattzufinden habe. So nach dem Genfer Gesetz vom 26. Mai 1897 (Loi modifiante l'instruction criminelle). Nach dem französischen und belgischen code d'instruction criminelle Art 445 verweist der Kassationshof, wenn er nicht selbst in der Sache entscheidet, den Prozeß an eine andere cour d' appel oder cour d' assises oder ein anderes Tribunal als jenes, das zuerst in der Sache erkannt hat. Ebenso ist es in Italien nach § 544 des Codice di procedura penale von 1913. In Japan (§ 307) entscheidet das „Revisionsgericht", wenn es die Wiederaufnahme für begründet erachtet, selbst die Sache niemals, sondern hebt nur das angefochtene Urteil auf und verweist die Sache „vor ein Gericht der gleichen Art und Ordnung wie jenes, welches das Urteil bereits gefällt hat". Ungarn (§ 461 Abs. 4) und Norwegen (§ 418) verweisen zwar den Fall nicht zur neuen Verhandlung an ein anderes Gericht, Ungarn bestimmt aber, daß „derjenige Richter, welcher an der früheren Erledigung der Angelegenheit teilgenommen hat, bei der Bildung des in der Frage der Zulässigkeit der Wiederaufnahme beschließenden und in der neuen Hauptverhandlung erkennenden Senats nach Möglichkeit außer Acht zu lassen ist", und Norwegen verbietet schlechtweg, daß einer der Geschworenen oder Richter, welche in dem früheren Gericht gesessen haben, im Gericht bei neuer Verhandlung der Sache sitzen.

2. Zulassung verspäteter Ablehnung.

In den meisten Gesetzgebungen ist die verspätete Vorbringung von Ablehnungsgründen gestattet, wenn dieselben erst nach dem Zeitpunkt, der für ihre Vorbringung regelmäßig gesetzt ist, entstanden oder zur Kenntnis des Vorbringenden gelangt sind. So in Japan nach § 42 St. P. O. zusammen mit § 35 Abs. 2 der C. P. O., England[1]), Norwegen § 70, Frankreich und Belgien, wo allerdings der code d'instruction criminelle gar keine Vorschriften über Ausschließung und Ablehnung von Gerichtspersonen enthält, wo aber die Praxis die entsprechenden Vorschriften des code de procédure civile (Art. 382) analog anwendet, (vgl. Garraud, Précis de droit criminel 8. Ed. 1903 S. 904), in der Schweiz in dem Bundesgesetz über die Organisation der Bundesrechtspflege von 1893 § 30, in Solothurn (Str.P.O. von 1885 § 34). Zürich (Gesetz betr. die züricherische Rechtspflege von 1874, Neuausgabe von 1905 § 133) gestattet das „Ausstandsgesuch" in jedem Stadium des Verfahrens anzubringen, droht aber dem Gesuchsteller Ordnungsbuße und Entschädigungspflicht, wenn durch sein Verschulden eine Tagfahrt vereitelt wird. Nach dem Gesetz betr. die Gerichts- und Prozeßordnung für Basel-Land von 1905 § 41 können Ablehnungsgründe geltend gemacht werden, solange das Urteil nicht ergangen ist. Die niederländische Str. P. O. (§ 323) läßt nach dem Beginn der Hauptverhandlung Ablehnungsgesuche nicht mehr zu, der Entwurf von 1913 aber (Ontwerp tot Vaststelling van een Wetboek van Strafvordering) Art. 482, 486 gestattet dies, wenn der Ablehnungsgrund erst später entstanden oder bekannt ge-

1) Mitteilung von H. Garland auf Grund von A. Wood Renton, Encyclopaedia of the Laws of England vol. II p. 78.

worden ist. Österreich, Ungarn, Italien kennen eine verspätete Vorbringung von Ablehnungsgründen nicht.

3. Anfechtbarkeit des die Ablehnung abweisenden Beschlusses. Beneficium novorum.

Das Recht der einzelnen Staaten weicht in diesem Punkte sehr von einander ab. In Österreich (§ 74 Abs. 3) sind die Entscheidungen über Ablehnungsgesuche unanfechtbar, in Frankreich dagegen ist nach Art. 391 des code de procédure civile jedes Urteil über Rekusation der Berufung unterworfen; ebenso läßt Zürich (§ 135 Abs. 2) in allen Fällen Beschwerde zu. Ungarn (§ 69 Abs. 5) hinwieder gestattet eine selbstständige Anfechtung des abweisenden Beschlußes nicht, sondern nur eine Anfechtung zusammen mit dem Urteil. Die Niederlande (§ 334) kennen im geltenden Recht eine Anfechtung der in Ablehnungssachen ergehenden Beschlüße und Urteile überhaupt nicht; der Entwurf von 1913 (§ 487 Abs. 1) gewährt ein Anfechtungsrecht, wenn ein Einzelrichter über die Ablehnung abweisend entschieden hat, in allen anderen Fällen sind (§ 487 Abs. 4) Rechtsmittel versagt. In Italien (§ 47) entscheidet über das Ablehnungsgesuch immer das nächsthöhere Gericht und zwar durch Urteil (sentenza) und gegen dieses Urteil ist, mag es von einem tribunale oder von einer corte d'appello erlassen sein, immer Revision (ricorso per cassazione) zulässig. (§ 48 Abs. 5.) Hat der Kassationshof selbst entschieden, so gibt es gegen sein Urteil natürlich kein Rechtsmittel. Übrigens kann mit dem Urteil, das den Ablehnungsantrag abweist, der Antragsteller zugleich zur Zahlung einer Summe von 100—1000 Lire zu gunsten der Staatskasse verurteilt werden. (§ 50.) Japan (§ 42 St. P. O. zusammen mit § 38 C. P. O.) gibt gegen den abweisenden Beschluß sofortige Beschwerde. Norwegen (§ 69) läßt im Gegenteil eine Beschwerde nur zu, wenn ein Ablehnungsgesuch für begründet erklärt wird, und zwar kann die Beschwerde hier nur von der Staatsanwaltschaft eingelegt werden. Von der Anfechtung abweisender Beschlüsse ist nicht die Rede.

Darüber, ob bei Anfechtung eines abweisenden Beschlusses neue Ablehnungsgründe vorgebracht werden dürfen, ob also ein beneficium novorum besteht, ist nirgends etwas ausdrücklich gesagt. Mit Ausnahme des Falls, daß der Beschluß nur mit einem Revisions- oder Kassationsgesuch anfechtbar ist, wird man wohl annehmen können, daß dem Beschwerdeführer ein beneficium novorum zustehe.

IV. Vorschläge für das künftige deutsche Recht.

1. Die Ausschließung des Vorrichters im Wiederaufnahmeverfahren.

Bei den Vorarbeiten zu einer neuen Strafprozeßordnung hat man sich, trotz verschiedener Anregungen hierzu, doch niemals zu dem glatten Entschluß durchringen können, von der Entscheidung über die Zulässigkeit des Wiederaufnahmeantrags die Richter auszuschließen, die bei der angefochtenen Entscheidung mitgewirkt haben. Man ging immer von der Ansicht aus, daß gerade die Richter, die bei dem früheren Urteil mitgewirkt hätten, wegen ihrer Vertrautheit mit der Sache zur Mitwirkung am Wiederaufnahmeverfahren am besten geeignet seien[1]). Ebensowenig hat man die an der früheren Entscheidung beteiligten Richter von der erneuerten Hauptverhandlung ausgeschlossen.

Ich halte gerade diese Vertrautheit mit der Sache für einen Grund, gegen die Mitwirkung der Vorrichter bei dem Wiederaufnahmeverfahren mißtrauisch zu sein. Sie haben auf Grund ihrer Kenntnis der Sache sich ihre feste Meinung gebildet, und es ist ungemein menschlich, sich neuen Gesichtspunkten gegenüber, wenn dieselben nicht auf flacher Hand liegen und sofort überzeugen wie etwa das Geständnis eines anderen Täters, ablehnend zu verhalten. Selbstverständlich braucht dabei gar keine üble Absicht mitzuspielen.

1) Vgl. hierzu Protokolle der Kommission für die Reform des Strafprozeßes 1. Bd. 1905 S. 282/283. 2. Band S. 264. — Regierungsentwurf einer neuen Str. P. O. § 358 Abs. 3 a. E. u. Begründung hierzu S. 194. — Bericht der Reichstagskommission: Drucksachen des Reichstags 12. Legisl. Per. II. Session 1909/1911 Nr. 638. 3. Teil S. 528/529.

Daß die Befürchtung einer Befangenheit der Vorrichter nicht unbegründet ist, findet die deutlichste Bestätigung in den Bestimmungen vieler fremder Rechte, die es von vornherein für geboten halten, das frühere Gericht überhaupt nicht mit der Frage der Wiederaufnahme zu befassen, und zwar augenscheinlich deswegen, weil man jenes Gericht nicht für unbefangen genug hält. Es schiene mir angezeigt, diesem Gedanken in unserem künftigen Strafprozeß wenigstens dadurch Rechnung zu tragen, daß man den einzelnen Richter, der an der früheren Aburteilung beteiligt war, von der Beschlußfassung über die Wiederaufnahme ausschließt.

Ähnliche Erwägungen lassen mir die Forderung berechtigt erscheinen, auch von der erneuerten Hauptverhandlung die am früheren Urteil beteiligten Richter auszuschließen. Auch hierfür spricht das Beispiel einer ganzen Anzahl fremder Staaten: Frankreich, Belgien, Italien, Genf, Japan, Ungarn, Norwegen.

Übrigens erkennt schon unser geltendes Strafprozeßrecht, wenn auch in anderem Zusammenhang, die Gründe an, welche in derartigen Fällen die Ausschließung eines Richters verlangen: Warum ist ein Richter, der bei einer durch ein Rechtsmittel angefochtenen Entscheidung mitgewirkt hat, von der Mitwirkung bei der Entscheidung in höherer Instanz ausgeschlossen? Doch wohl, weil man ihn nicht für unbefangen genug hält, die Sache, über welche er früher entschieden hat, nun auch von anderen Gesichtspunkten aus zu beurteilen. Obwohl es sich auch hier, wie in der Regel bei der Wiederaufnahme, möglichen Falls nur um Fragen tatsächlicher Art handelt, etwa um Würdigung neuer Beweismittel, die in der Berufungsinstanz vorgelegt werden, so erachtet man den Amtsrichter, der inzwischen Mitglied der Strafkammer geworden ist, doch nicht für geeignet, über die früher von ihm abgeurteilte Sache neuerdings zu entscheiden. Nun soll er dazu aber fähig und unbefangen genug sein, wenn etwa am Tage nach dem Ablauf der Berufungsfrist der Verurteilte mit genau den gleichen neuen Tatsachen und Beweismitteln kommt und Wiederaufnahme verlangt? Dann soll nichts im Wege stehen, daß derselbe Amtsrichter sowohl über die Vorfrage der Zulässigkeit wie in der Hauptverhandlung über die Sache selbst entscheidet? Noch mehr: Man läßt nicht einmal den Untersuchungsrichter zum Richteramt in der Hauptverhandlung zu, obwohl er doch „wegen seiner Vertrautheit mit der Sache zur Mitwirkung bei der Entscheidung vornehmlich geeignet“ wäre. Gerade wegen dieser Vertrautheit nimmt man an, daß er voreingenommen sei, und deswegen hält man ihn fern. Nun hat er sich aber nicht einmal durch ein Urteil in der Sache festgelegt wie der erkennende Richter. Und trotzdem behauptet man, dieser sei unbefangen, während man jenen schlechtweg für befangen und daher ausgeschlossen erklärt. Ich meine, diese Vergleiche dürften ernstlich Anlaß zur wiederholten Prüfung der Frage geben, ob man den Vorrichter nicht doch vom Wiederaufnahmeverfahren ausschließen sollte.

2. Verspätet angebrachte Ablehnungsgesuche.

Es erschiene theoretisch an sich durchaus gerechtfertigt, daß Ablehnungsgründe, die erst nach dem für ihre Anbringung festgesetzten Zeitpunkt entstanden oder doch bekannt geworden sind, auch nach diesem Zeitpunkt noch durch ein Ablehnungsgesuch geltend gemacht werden dürfen. Man hat dies bei den Vorarbeiten zu einer neuen Strafprozeßordnung auch wiederholt verlangt[1]), und das Beispiel einer Reihe von ausländischen Prozeßgesetzgebungen könnte zur Nachahmung reizen. Trotzdem hielte ich die Zulassung solcher verspäteter Ablehnungsgesuche aus praktischen Gründen nicht für empfehlenswert. Sie könnte, wie an den in Anmerkung 1 angeführten Stellen mit Recht betont wurde, die Autorität des Gerichtsvorsitzenden in der Hauptverhandlung untergraben und Verschleppungsversuchen Tür und Tor öffnen. Manche Angeklagte würden — man braucht nur an die berüchtigten Berliner Strafprozesse zu denken — jede Äußerung des Vorsitzenden, in der er seine Überzeu-

1) Vgl. Protokolle der Kommission für die Reform des Strafprozesses 1. Band 1915 S. 15ff., besonders S. 21. — Beratungen der Reichstagskommission 12. Legisl.-Per. II. Session 1909/1911 Nr. 638. 1. Teil S. 113—114.

gung von ihrer Schuld durchblicken läßt, als eine Voreingenommenheit gegen sie kennzeichnen und darauf ein Ablehnungsgesuch stützen. Dadurch wäre der Vorsitzende der ständigen Kritik des Angeklagten unterstellt. Nach wochenlangen Verhandlungen könnte der Angeklagte das Gericht durch Ablehnungsgründe sprengen, die er sich in Reserve gehalten hat oder die er sich vielleicht selbst, etwa durch Beleidigung des Vorsitzenden, schafft.

Gegen üble Folgen, die sich aus der Unmöglichkeit ergeben, auf triftige erst später entstandene oder bekannt gewordene Ablehnungsgründe ein Ablehnungsgesuch zu stützen, könnte immerhin noch im Rechtsmittelverfahren Abhilfe geschaffen werden, allerdings nur bei der Berufung. Man müßte nur bestimmen, daß die Berufung auf einen Ablehnungsgrund gestützt werden könne, der erst entstanden oder bekannt geworden ist nach dem für die Geltendmachung von Ablehnungsgründen gesetzten äußersten Zeitpunkt. Rechtfertigt der vorgebrachte Grund wirklich die Befangenheit des Richters, so ist es nur billig, daß das angefochtene Urteil aufgehoben wird.

Zum Revisionsgrund dürfte man freilich den später entstandenen oder bekannt gewordenen Ablehnungsgrund nicht machen. Dies würde mit dem Wesen der Revision in Widerspruch stehen; dem Revisionsgericht ist die Feststellung und Prüfung von Umständen tatsächlicher Natur fernzuhalten [1]).

3. Die Anfechtbarkeit des die Ablehnung abweisenden Beschlusses. Beneficium novorum.

Die Vorarbeiten (§ 22 der Entwürfe) haben es in Bezug auf die Anfechtbarkeit des abweisenden Beschlusses bei dem bisherigen Recht belassen, auch für den Fall, daß der Beschluß sich auf einen Richter bezieht, der zur Ausübung des Richteramts in der Hauptverhandlung berufen ist.

1) Dieser Gedanke hat schon in der Reichstagskommission zur Ablehnung des Antrags geführt, erst in der Hauptverhandlung hervorgetretene Ablehnungsgründe zu absoluten Revisionsgründen zu machen. Drucksachen des Reichstags 12. Legisl.-Per. II. Session 1909/1911 Nr. 638. 3. Teil S. 507—508.

Dieser Beschluß soll auch künftig nur mit der Entscheidung in der Hauptsache angefochten werden können. Freilich besteht hier die Gefahr, daß hinterher die ganze Hauptverhandlung hinfällig wird, weil das Obergericht die Ablehnung für begründet erachtet — eine unangenehme Möglichkeit, die zu vermeiden wäre, wenn vorher in der Ablehnungsfrage der Instanzenzug erschöpft werden könnte. Trotzdem ist diese Gefahr weit geringer als jene der Prozeßverschleppung, die durch Gewährung eines selbständigen Anfechtungsrechts zweifellos heraufbeschworen würde. Man wird es daher zweckmäßig bei der bisherigen Einrichtung belassen.

Ebenso halte ich es für richtig, daß nach wie vor abweisende Beschlüsse, die sich nicht auf erkennende Richter, sondern etwa auf den Untersuchungsrichter beziehen, ihre selbständige Anfechtbarkeit behalten. Es würde sonst, falls das Ablehnungsgesuch begründet war, das ganze Verfahren wegen eines am Anfang liegenden Fehlers, der hätte vermieden werden können, nichtig sein müssen.

Daß die selbständig anfechtbaren Beschlüsse nur der sofortigen, nicht der gewöhnlichen Beschwerde unterliegen, ist sowohl mit Rücksicht auf einen raschen Prozeßgang wie deswegen nötig, weil man bei der fristlosen gewöhnlichen Beschwerde nie sicher wäre, ob man nicht wegen der immer noch bestehenden Anfechtungsmöglichkeit umsonst arbeite.

Was das Beneficium novorum anbelangt, so wurde in der Reichstagskommission zu dem § 22 des Entwurfs, der die Anfechtung der abweisenden Beschlüsse regelt, folgender Zusatz beantragt: „Die Anfechtung kann auf solche Tatsachen gestützt werden, die im Ablehnungsgesuch nicht geltend gemacht waren, insbesondere auf solche Tatsachen, die zur Zeit der Ablehnung noch nicht vorhanden oder dem Ablehnenden unbekannt waren." Der Antrag wurde in erster und zweiter Lesung abgelehnt. Er war überflüssig, soweit es sich um das Rechtsmittel der Beschwerde handelt; denn in der Beschwerdeinstanz ist neues Vorbringen immer zulässig. Eine Bedeutung konnte er nur haben bei der Ablehnung von Personen, die zur Ausübung des Richteramts in der Hauptverhandlung berufen sind. Es handelt sich hier nicht um die oben unter Z. 2 S. 95/96 besprochene Frage des verspätet angebrachten Ablehnungsgesuchs, sondern um den Fall, daß das rechtzeitig angebrachte Ablehnungsgesuch als unbegründet verworfen ist, und daß zu seiner besseren Begründung bei der Anfechtung des Urteils auf Umstände Bezug genommen wird, die vorher nicht geltend gemacht worden waren. Diese Umstände konnten schon vor Anbringung des Gesuchs vorhanden gewesen und können auch nachher erst entstanden sein z. B. in oder noch vor der Hauptverhandlung, so wenn etwa der Richter zwischen Verwerfung des Ablehnungsgesuchs und Hauptverhandlung in zivilrechtliche Streitigkeiten mit dem Angeklagten gerät. Wird gegen das Urteil, mit dem zusammen der abweisende Beschluß angefochten wird, Berufung eingelegt, dann besteht kein Grund zur Versagung des beneficium novorum. Durch die Berufung kann der Fall in seinem ganzen Umfang unter Heranziehung aller möglichen neuen Tatsachen, Gesichtspunkte und Beweismittel der Beurteilung des Berufungsgerichts zugeführt werden. Das gilt auch für die Ablehnung. Es kann daher nichts entgegenstehen, daß dem Berufungsgericht auch in Bezug auf die Frage der Ablehnung alles für ihre richtige Beantwortung dienliche Material, auch neu hervorgetretenes, vorgelegt wird. Ich halte dies schon nach geltendem Recht für zulässig (vgl. oben S. 89) und wüßte nicht, warum man es im künftigen Recht ausschließen sollte. Eine besondere Bestimmung darüber ist nach meiner Auffassung nicht notwendig.

Anders wenn das Urteil mit der Revision angefochten wird. Das Revisionsgericht hat nur zu prüfen, ob das Gesetz auf den Tatbestand, der dem Untergericht vorlag, richtig angewendet worden ist. Es läßt sich mit der Natur der Revision nicht vereinbaren, daß Tatsachen, die dem Berufungsgericht unbekannt waren, dem Revisionsgericht zur Prüfung unterbreitet werden. Daß dies auch auf die Ablehnung zutrifft, folgt aus dem Wortlaut („mit Unrecht verworfen") des § 377 Z. 3 der geltenden Str. P. O. wie des § 333 Z. 3 der Entwürfe.

FSC
www.fsc.org
MIX
Papier | Fördert gute Waldnutzung
FSC® C083411

Kolibri 360 GmbH
Ferdinand-Jühlke-Straße 7
99095 Erfurt, Deutschland
produktsicherheit@kolibri360.de